53985C €10,-

Walter Gut

Kreuz und Kruzifix in öffentlichen Räumen

Walter Gut

Kreuz und Kruzifix in öffentlichen Räumen

Eine Auseinandersetzung mit
Gerichtsentscheiden
über Kreuze und Kruzifixe
in kommunalen Schulzimmern

Die Deutsche Bibliothek – CIP-Einheitsaufnahme

Gut, Walter:
Kreuz und Kruzifix in öffentlichen Räumen : eine Auseinandersetzung mit Gerichtsentscheiden über Kreuze und Kruzifixe in kommunalen Schulzimmern / Walter Gut. – Zürich : NZN-Buchverl., 1997
ISBN 3-85827-118-7

Grafische Gestaltung: Evi Juon, Langnau a. A.
Satz: ASL Atelier für Satz und Layout, Wangen a. d. A.
Druck: Niedermann Druck AG, St. Gallen
ISBN 3-85827-118-7

Inhaltsverzeichnis

I. Höchstrichterliche Entscheide 9

II. Präliminarien aus der Welt der Tatsachen und des Rechts 11

1. Die Verbreitung von Kreuz und Kruzifix in katholischen Landen 11
2. Katholisches Brauchtum 12
3. Gehalt der Kreuzes-Zeichen 14
4. Christliche Zeichen in öffentlichen Räumen 15
5. Die Wertgrundlage des Staates 17
6. Der Bezug zu den Kirchen 18
7. Kreuz und Kruzifix 20
8. Schule im kulturellen Kontext 21
9. Ergebnis 23
10. Kulturhoheit und Schulhoheit der Kantone und Bundesländer 25
11. Folgen der Entfernung der Kreuzes-Symbole 26
12. Die religiös-weltanschauliche Neutralität des Staates 27

III. Der Entscheid der I. Öffentlichrechtlichen Abteilung des Schweizerischen Bundesgerichtes vom 26. September 1990 31

1. Sachverhalt 31
2. Windungsreicher Verfahrensverlauf 32
3. Das Urteil vom 26. September 1990 35
4. Die Erwägungen des Bundesgerichtes – mit begleitendem Kommentar 36
5. Würdigung 48

IV. Das Urteil des Ersten Senats des deutschen Bundesverfassungsgerichtes vom 16. Mai 1995 51

1. Sachverhalt 51
2. Der nicht ganz normale Verfahrensverlauf 53
3. Das Urteil vom 16. Mai 1995 57
4. Die Erwägungen des Bundesverfassungsgerichtes mit begleitendem Kommentar 59
5. Würdigung 71
6. Die Reaktion seitens der bayerischen Staatsregierung 72
7. Änderung des Art. 7 des bayerischen Gesetzes über das Erziehungs- und Unterrichtswesen 73

V. Epilog 75

1. Kruzifix im Gerichtssaal – die Geschichte eines Präjudizes 75
2. Gleichwertigkeit von negativer und positiver Religionsfreiheit 77
3. Säkularer Staat und laizistischer Staat 79
4. Christentum – Element der kulturellen Identität Europas 81
5. Der säkulare Staat und die transzendenten Werte 82

VI. Die Urteile in ihrem Wortlaut 85

1. Entscheid des Schweizerischen Bundesgerichtes vom 26. September 1990 (in italienischer Sprache) 85
2. Deutsche Übersetzung aus dem Schweizerischen Zentralblatt für Staats- und Verwaltungsrecht (Februar 1991) 103
3. Beschluss des deutschen Bundesverfassungsgerichtes vom 16. Mai 1995 117

VII. Massgebliche Normen 167

- Art. 27 und 49 der Schweizerischen Bundesverfassung (BV) vom 29. Mai 1874 167
- Art. 4, 6, 7, 19 und 140 des Grundgesetzes für die Bundesrepublik Deutschland vom 23. Mai 1949 .... 167/168
- Art. 9 der Europäischen Menschenrechtskonvention vom 4. November 1950 169
- Art. 131 und 135 der Verfassung des Freistaates Bayern vom 2. Dezember 1946 170
- Art. 7 des Bayerischen Volksschulgesetzes vom 17. November 1966 170

Hinweise auf benutzte Literatur 171

I. Dokumente 171
II. Juristische Literatur 172
III. Über Symbole 174
IV. Volkskunde, religiöse Volkskunde, Volksfrömmigkeit 176
V. Theologo-Politica 178

Abkürzungen 179

I. Höchstrichterliche Entscheide

Am 26. September 1990 wies die I. öffentlichrechtliche Abteilung des Schweizerischen Bundesgerichtes in Lausanne (mit einem Stimmenverhältnis von 3:2) die gegen das Urteil des Verwaltungsgerichtes des Kantons Tessin vom 2. Mai 1986 gerichtete Beschwerde der Tessiner Gemeinde Cadro ab, in der sich diese, unter Berufung auf die Gemeindeautonomie in Verbindung mit Art. 4 und 49 BV, für die Gültigkeit ihrer Anordnung wehrte, in den Schulzimmern der Gemeinde Kruzifixe anzubringen.
Am 16. Mai 1995 hiess der Erste Senat des deutschen Bundesverfassungsgerichtes mit einem Stimmenverhältnis von 5:3 die gegen Beschlüsse des Bayerischen Verwaltungsgerichtshofes vom 3. Juni 1991 und des Bayerischen Verwaltungsgerichtes Regensburg vom 1. März 1991 gerichtete Verfassungsbeschwerde der Eltern Seler und ihrer drei Kinder gut, womit sich diese gegen das Vorhandensein von Kruzifixen und Kreuzen in den von ihnen besuchten Schulräumen der Grundschule des Landkreises Schwandorf wandten; das Bundesverfassungsgericht erklärte § 13 Abs. 1 Satz 3 der Schulordnung vom 21. Juni 1983 für die Volksschulen von Bayern, der lautet: «In jedem Klassenzimmer ist ein Kreuz anzubringen», für unvereinbar mit Art. 4 Abs. 1 des Grundgesetzes und damit für nichtig, hob die beiden vorinstanzlichen Entscheide auf und verwies die Sache an den Bayerischen Verwaltungsgerichtshof zurück.
Die nachfolgenden Überlegungen wollen sich mit beiden höchstrichterlichen Entscheiden auseinandersetzen. Es erscheint dem Verfasser nützlich, vorerst in Präliminarien, losgelöst von den beiden Fällen, die allgemeinen tatsächlichen Gegebenheiten und Grundfragen, die das Vorhandensein von Kreuzen und Kruzifixen in öffentlichen Räumen betreffen, in ihrem Gesamtzusammenhang darzustellen.
Dem rechtlichen Teil der Studie geht demnach eine Schilderung der Lebenswelt voraus, in der sich beide Konfliktfälle ereigneten. Denn zu den elementaren Voraussetzungen eines sachgerechten Urteils ge-

hört stets die ausreichende Kenntnis jenes Lebenszusammenhanges, der durch ein Urteil beeinflusst wird. Ohne solche Kenntnis geraten Gerichte leicht in die Gefahr, wichtigste schützenswerte und schutzesbedürftige Güter zu verkennen und partikulären Gesichtspunkten ein Übergewicht zu verleihen, ein Übergewicht, das lebensweltliche Vorgegebenheiten zu zerstören geeignet ist. Vorerst die kulturelle Eigenart katholisch geprägter Regionen Europas plastisch darzustellen erweist sich daher als notwendig. Die nachfolgenden «Präliminarien aus der Welt der Tatsachen und des Rechts» bilden das massgebende Fundament der Auseinandersetzung mit beiden Gerichtsentscheiden.

II. Präliminarien aus der Welt der Tatsachen und des Rechts

1. Die Verbreitung von Kreuz und Kruzifix in katholischen Landen

Wer immer in katholischen oder katholisch geprägten Landen lebt oder vorübergehend weilt, sieht sich vor einer Fülle von äussern religiös geprägten Zeichen. Wie jeder Volkskundler oder Denkmalpfleger oder aufmerksame Reisende weiss, bewegt man sich hier in Landschaften, die man gerne als «Sakrallandschaften» bezeichnet.

Nicht nur Kirchen und Kapellen, sondern auch einer grossen Zahl von Bildstöcklein am Wege, von Kreuzen und Kruzifixen, von Wegkreuzen mit oder ohne Korpus, von Kreuzen auf den Gipfeln der Berge oder von Kreuzzeichen, die an jenen Stellen gesetzt werden, wo jemand durch Unfall oder durch ein Verbrechen sein Leben verlor, begegnet der Wanderer auf Schritt und Tritt. Und tritt ein Toter seinen letzten Gang auf den Friedhof an, auf dem fast jedes Grabdenkmal ein Kreuz oder ein anderes christliches Symbol aufweist, so geht ihm ein Kreuz voran, das alsdann auf den frischen Grabhügel gepflanzt wird; man lese einmal die ergreifende Schilderung «Wie sie heimgingen» des bedeutenden Volkskundlers Dr. h. c. Josef Zihlmann. Kreuze wurden an der Banngrenze errichtet, an Ausfallstrassen, auf städtischen Marktplätzen, an Weggabelungen (mit dem Hinweis «Ne viator aberret») und gefährlichen Übergängen, zur Sühne oder zur Abwendung von Unheil, als Wetterkreuz (mit doppeltem Querbalken) auf Feldern, auf Brücken und Landstrassen; man vergleiche dazu die eindrückliche Schilderung von Heinz Horat in «Sakrale Bauten» (Ars Helvetica III, «Die visuelle Kultur der Schweiz») oder den Zwischenbericht Martino Froelichers über die Aufnahme sakraler Wegbegleiter ins Inventar der Verkehrswege der Schweiz (IVS Bulletin 94/1), in dem er darauf hinweist, dass die vollständige Inventarisierung solcher sakraler Wegbegleiter allein im Kanton

Luzern eine Anzahl ergeben werde, welche die Tausendergrenze übersteige.
Kreuze, mit oder ohne Korpus, in Holz oder Metall und auch in Bildern, hängen in sehr vielen öffentlichen Gebäuden und in manchen Amtsstuben, in Parlamenten, in Sitzungszimmern der Regierungen, in den Gerichtssälen, in Mehrzweckgebäuden, in den Schulzimmern und in Vortragssälen, selbst in Wirtschaftslokalen, in den allgemeinen Räumen und in einzelnen Krankenzimmern der Spitäler und natürlich in privaten Stuben und Schlafzimmern. Seit Jahrhunderten bemüht sich – bis auf den heutigen Tag – eine unübersehbare Zahl von Künstlern, der Szene von Jesu Kreuzigung in Plastiken oder Bildern künstlerischen Ausdruck zu verleihen, und diese Kunstwerke hängen – nicht nur in Sakralbauten – in öffentlichen profanen Bauten und selbstverständlich auch in Museen.
Als *Kreuze* werden hier verstanden Figuren mit rechtwinklig (seltener schräg) sich schneidenden Balken; der senkrechte Balken ist – vor allem bei stehenden Kreuzen – in der Regel länger als der waagrechte Balken. *Kruzifixe* sind Kreuze, an denen die Gestalt des Gekreuzigten (der Korpus) hängt. Beide Figuren weisen – in Vergangenheit und Gegenwart – eine unabsehbare Vielfalt von unterschiedlichen Gestaltungen auf. In der katholischen und orthodoxen Kirche sind sowohl Kreuze wie Kruzifixe verbreitet. In den evangelischen Kirchen ist das Altarkreuz ebenfalls gebräuchlich, bei den Lutheranern als Kruzifix, bei den Reformierten als einfaches Kreuz (ohne Korpus) (vgl. Grosser Brockhaus unter «Kreuz» und «Kruzifix»).

2. Katholisches Brauchtum

Die seit dem Frühmittelalter bis zum Ende des 20. Jahrhunderts in den katholischen Ländern Europas dauernde Praxis, dem Kreuz allüberall in der Öffentlichkeit sichtbaren Ausdruck zu geben, gehört, unbesehen der jeweiligen persönlichen Beziehung der Bewohner zu diesen äussern Zeichen, zum *katholischen Brauchtum*. Das hängt gewiss damit zusammen, dass in den katholischen Landen, im Unterschied zu vielen protestantischen Orten, nicht nur kein «Bildersturm» stattgefunden hat, sondern vor allem in der ausgedehnten Periode des sinnenfreudigen Barock eine überquellende Freude an künstlerischen und auch rustikalen Gestaltungen von christlichen Symbolen, an Darstellungen von Christus, Maria und einer grossen Schar von Heiligen sowie von Szenen der Heiligen Schrift sich verbreitet hat, die heute zum europäischen kulturellen *«Patrimonium»* gehören.

Gewiss hatten Reformorden, wie etwa die frühen Zisterzienser, zu grösserer Zurückhaltung in der Ausschmückung der Kirchen gemahnt. Aber die bildliche Sichtbarmachung von Personen und Vorgängen, die in der Kirche in Wort und Schrift dargelegt worden waren, entsprach offensichtlich einem tiefen Bedürfnis des breiten Volkes. Dass dieses Volk die solcherweise entstandenen äussern – sichtbaren und greifbaren – Zeichen nicht auf die sakralen Räume eingrenzen und die profanen – öffentlichen und privaten – Räume von der Präsenz solcher Zeichen nicht «ausgrenzen» wollte, hängt gewiss damit zusammen, dass denselben Menschen, denen in der Kirche in Wort und Sakrament die Mysterien des Glaubens dargelegt worden waren, eine religiös geprägte Atmosphäre in Staat und Gesellschaft nahelag und – wenn auch heute in geringerer Intensität – durchaus immer noch naheliegt. Insoweit liegt in diesem spontanen sozialen Vorgang ein Stück kultureller Ausfaltung des Glaubens in profane Lebensbereiche hinein, eine typische Form der Volksfrömmigkeit, die nicht «Glaubensverkündung», sondern gemüthafte Bekundung der Verbundenheit mit der in der Kirche und zu Hause erfahrenen und geübten Religion darstellt. Die profane Präsenz von religiös geprägten Zeichen, von Kreuzen und Kruzifixen vor allem, bildet eine der Formen der vornehmlich in ländlichen Gebieten praktizierten «Strategie der Krisenbewältigung» (Paul Hugger, Josef Zihlmann).

Dieser historisch-kulturelle Sachverhalt, den ein aussenstehender, in anderer Tradition stehender Zeitgenosse vielleicht nur mit einiger Anstrengung nachvollziehen kann, konstituiert ein bedeutendes Stück der *kulturellen Identität* der in den katholischen Regionen lebenden und hier verwurzelten Bewohner. Und auch nichtkatholische Bewohner dieser Regionen vermögen dieses kulturelle Patrimonium, gewiss in unterschiedlichem Grad, zu achten, wie ihr Mitwirken in Heimatvereinigungen und historisch-kulturellen Organisationen recht häufig zeigt – ohne dass sich Widersprüche zu ihrem eigenen Glauben ergäben.

3. Gehalt der Kreuzes-Zeichen

Nach Herders Lexikon über Symbole (1984, S. 93) ist das Kreuz – das in einer Vielzahl von Formen gestaltet wurde – eines der am weitesten verbreiteten und ältesten Symbole, bekannt in Asien und Europa. Im Christentum erhielt es alsdann eine besondere Bedeutung als Sinnbild des Leidens, und schliesslich wurde es allgemein als Symbol des Christentums verwendet. Kreuze und Kruzifixe sind, in unserem Zusammenhang, äussere Zeichen, die dazu bestimmt sind, auf die christliche Religion zu verweisen. Sie erinnern an das historische Faktum des etwa 30 n. Chr. eingetretenen gewaltsamen Todes Jesu Christi am Kreuz. Was dieser Tod jedoch theologisch bedeutet, bleibt in der äussern Form des Kreuzes oder Kruzifixes ungesagt. Das Zeichen beginnt «theologisch» erst zu sprechen, wenn der gläubige Christ die mit Jesu Tod verbundenen Glaubensaussagen in dieses Zeichen hineinliest, hineininterpretiert. Wer diese Interpretation nicht vornimmt, für den bleibt die Kreuzesdarstellung eine plastische Form. Gewiss, in den Augen der Behörde oder der Instanz, die das Kreuz anbringt und hängen lässt, soll diese Form als äusseres Zeichen an die christliche Religion erinnern. Aber selbst diese Lesart ergibt sich nicht zwangsläufig aus der Form allein; es bedarf der Interpretationshilfe, um die intendierte Zeichenfunktion zu erkennen.

Wenn in dieser Studie die profanen Erscheinungsweisen von Kreuz und Kruzifix dargestellt und gedeutet werden, so darf man nicht ausser acht lassen, dass das Kreuzes-Symbol aus der Mitte der christlichen Glaubenswelt stammt, in der es eine zentrale Glaubensaussage versinnbildlicht, und dass es wegen dieser Herkunft der Christgläubige, wenn er des Symbols gewahr wird, dankbar verehrt und es zugleich als – im profanen Kontext wirkenden – Hinweis auf die christliche Religion achtet. Auf dieses Glaubens-Symbol die im Laufe der 2000 Jahre Geschichte des Christentums begangenen schmerzlichen und beschämenden Fehlleistungen (Religionskriege, Antijudaismus und Antisemitismus, Hexenwahn, Missachtung der Menschenrechte) zu projizieren und negativ aufzuladen geht gewiss nicht an. Denn gerade dieses Versagen läuft der Botschaft, die von Jesu Kreuz und Auferstehung ausgeht, diametral zuwider.

4. Christliche Zeichen in öffentlichen Räumen

Das Anbringen von Kreuzen und Kruzifixen in öffentlichen Gebäuden ist keine kultische Handlung, kein kollektiver Vollzug christlicher Glaubensinhalte. Weder in Parlamenten, Regierungs-Sitzungszimmern, Gemeinderatslokalen noch in den Schulräumen wird vor dem Kreuz ein Akt der Reverenz vollzogen oder gar erzwungen. Das Zeichen besagt für den Betrachter gerade soviel, wie er hineininterpretiert; es ist nach vielen Richtungen mehrdeutig. Es mag sein, dass beim Kreuz nur schon das Gefüge aus einer Vertikalen und einer Horizontalen Anlass zu vertiefter symbolisierender Auslegung bietet. Die Regel dürfte allerdings bilden, dass der Besucher oder Bewohner der Räume durch die Macht der Gewohnheit das Zeichen kaum mehr wahrnimmt. Das Hängen des Zeichens hat einen vom betrachtenden einzelnen Subjekt losgelösten, Legislaturperioden oder Schülergenerationen übergreifenden institutionellen Charakter. Ursprünglich ein sakrales Zeichen, ist es hier ganz und gar in die «profane» Kultur eingegangen und bildet ein weitverbreitetes kulturelles Element, das, wie viele andere kulturelle Phänomene, eine erklärungsbedürftige Hinweisfunktion besitzt. Nicht was in einem theologischen Lexikon über die theologische Bedeutung des Kreuzes steht, kann für die Entscheidung darüber, welche Wirkung das im profanen Bereich angebrachte Zeichen als solches im Betrachter erweckt, massgeblich sein. Nur wer den Glaubensansichten zustimmt, die Jesu Tod in der christlichen Glaubenstradition begleiten, kann der an der Wand hängenden Plastik oder einem entsprechenden Bild eine zentrale theologische Bedeutung beimessen, und nur für solche Betrachter spricht das Kreuz eine Glaubenssprache. Wer nicht dieses Glaubens ist, der wird das Kreuzes-Emblem als Ausdruck einer religiös gefärbten Volkskultur wahrnehmen und es am ehesten auf der Stufe eines althergebrachten, aus der Welt der Religion stammenden Ornamentes einordnen; andere wiederum erkennen darin zum mindesten den Hinweis auf die – für viele lebenswichtige – religiöse Sphäre und auf ideelle, transzendente Werte.

In hohem Mass befremdend – bei Kenntnis dieses Hintergrundes – wirkt folgender Kommentar: «Sollte das aufgehängte Kreuz die erwähnte [d. h. rein theologische] Aussage nicht ausdrücken, dann hat es bloss den Charakter von Zierat oder eines Schmuckstückes und kann, da letztlich nicht nach seiner Bestimmung verwendet, ohne Substanzverlust entfernt werden. Natürlich gibt es Menschen, die das Kreuz, ohne viel zu denken, aufhängen, die die eben gezogenen Schlüsse für sich nicht bestätigen würden. Aber solche Gedankenlosigkeit verdient Förderung nicht.» Wer so argumentiert, der verkennt die mehrschichtige Bedeutungsqualität dieses Zeichens und die im profanen Bereich sich ereignende Vernetzung von Religion und Kultur, die nicht Glaubenssätze thematisieren will. Zugleich fehlt ihm, so ist zu fürchten, das Verständnis für kulturelle Eigenwerte ausserhalb seiner eigenen Welt.

Das Kreuzes-Symbol ist, so zeigt es sich in der kulturellen Realität, für viele Deutungen offen. Es verhält sich ähnlich wie mit dem Kreuz auf der Kuppel des Bundeshauses in Bern, im Wappen und in der Fahne der Schweizerischen Eidgenossenschaft oder einzelner Länder, Kantone und Gemeinden oder in Geschlechterwappen; in allen diesen Fällen werden von den einen religiös geprägte und von andern rein profane Interpretationen vorgenommen, je nach der religiösweltanschaulichen Herkunft der Betrachter. Es mag hier beiläufig angemerkt werden, dass sich das Kreuz des Standes Schwyz – und damit auch der Schweizerischen Eidgenossenschaft, von dem das weisse Kreuz im roten Feld stammt – auf die Leidensgeschichte Christi zurückbezieht, wie die Studie des Historikers Guy Marchal «De la passion du Christ à la Croix Suisse» (1989) aufgezeigt hat.

Kreuze und Kruzifixe sind optisch wahrnehmbare Symbole mit polyvalentem Deutungsgehalt. Nun gibt es auch religiös geprägte Symbole akustischer Art. So gilt das Glockengeläute der Kirchen in seiner Grundaussage als kultische Handlung (Peter Karlen, S. 231, 208, mit weitern Hinweisen, Ulrich Häfelin zu Art. 50 BV Rz 10 FN 28, Dieter Kraus, S. 122, Lexikon für Theologie und Kirche, Band 4, S. 963). Natürlich läuft damit auch der profane Zweck der Zeitangabe und der Zeitunterteilung einher. Aber der kultische Ursprung und die stets gegenwärtige kultische Aussage wirken weithin über Häuser, Gehöfte und Landstriche hinweg – für jene, die sie so verstehen. In katholischen Gebieten läutet nach alter Tradition die «Betglocke», die Glocke, die das Ave verkündet. Und manche Glocke trägt in sinnvoller Weise von alters her die Inschrift: «Laudo deum, plebem voco, congrego clerum, defunctos ploro, pestem fugo, festa decoro.» Damit wird in eindringlicher Weise deutlich, wie sehr religiöses – optisch

wahrnehmbares und akustisch hörbares – Brauchtum die Gesellschaft als ganze prägt, das zu zerstören dem einzelnen Glied der Gesellschaft, das in manch anderer Hinsicht von ihren Traditionen lebt, nicht ansteht.
Bei diesen Phänomenen – aber auch bei zahlreichen Rechtsdokumenten in den deutschsprachigen Gebieten Europas, angefangen von der Invocatio Dei in Bundesverfassung, Grundgesetz und in Verfassungen der Kantone und Bundesländer über Gesetze, Erziehungsgesetze insbesondere, bis zu Lehrplänen und Lehrmitteln – handelt es sich um «Bestände öffentlicher Kultur, in der das Gemeinwesen und in ihm das bürgerliche Leben seine Abhängigkeit von Lebensvoraussetzungen symbolisch bekundet, die politisch nicht dispositiv sind und im Interesse gemeinsamen politischen Lebens Anerkennung ihrer Unverfügbarkeit verlangen» (Hermann Lübbe 3).

5. Die Wertgrundlage des Staates

Was nun die Erinnerung an die Verbundenheit mit der christlichen Religion selbst betrifft, so kann man kaum übersehen, dass die Wertvorstellungen, die sowohl der Bundesverfassung der Schweizerischen Eidgenossenschaft wie dem Grundgesetz der Bundesrepublik Deutschland, die beide zu Beginn Gott anrufen (BV Präambel: «Im Namen Gottes des Allmächtigen», GG Präambel: «Im Bewusstsein seiner Verantwortung vor Gott und den Menschen ...»), zugrunde liegen, letztlich christlichen Quellen entspringen, auch wenn die Spuren dieser Herkunft nicht immer deutlich erkennbar sind. Die Rechtsordnungen der europäischen Länder und unseres Landes sind von diesen Quellen gespeist. Die Menschenrechtsdeklarationen der UNO und des Europaparlamentes wären ohne die Besinnung auf diese Herkunft und ohne Herleitung von diesen während Jahrhunderten (in vielen, auch widersprüchlichen Windungen) sich entwickelnden christlichen Traditionsbeständen nicht zustande gekommen. Es ist daher keineswegs abwegig, diese Herkunft gelegentlich zu reflektieren und durch gesprochenes oder geschriebenes Wort oder eben auch durch Zeichen (die allerdings weit weniger eindeutig sind als Worte) daran erinnert zu werden. Wer das nicht erträgt, wer das hängende Kreuz als eine Verletzung in den persönlichen Verhältnissen beklagt

und sich auf das Grundrecht der Glaubens- und Gewissensfreiheit beruft, verkennt solche übergreifende geschichtliche Zusammenhänge. Wenn nach dem bekannten Diktum E. W. Böckenfördes der Staat von geistig-ethischen Voraussetzungen lebt, die er selbst nicht schaffen und garantieren kann, so möchte der Verweis-Charakter des Kreuzes eben gerade Bezug nehmen auf diesen dem Staat vorausliegenden Gesamtbestand ethischer Grundeinsichten, die ihrerseits einen – das Staatswesen tragenden und letztlich funktionsfähig erhaltenden – ethischen Grundkonsens möglich machen. Unter diesem Aspekt betrachtet, kommt der Präsenz von Kreuzen und Kruzifixen in öffentlichen Räumen eine ähnliche verweisende (wenn auch in der Wirkung zurückhaltendere) Bedeutung zu, die mit jener der Anrufung Gottes in den Präambeln der Schweizerischen Bundesverfassung und des deutschen Grundgesetzes vergleichbar ist.
Damit ist allerdings nicht gesagt, dass dieser Verweis-Charakter das Anbringen von Kreuzen in öffentlichen Räumen erforderlich machen würde; ein der Verfassung vorausliegender ethischer Grundkonsens kann auch bestehen, wenn er durch keine verweisenden Symbole zum Ausdruck gebracht wird. Aber nahe liegt die Folgerung, dass in jenen Gegenden, wo gemäss althergebrachter kultureller Tradition Kreuze und Kruzifixe im profanen Bereich angebracht sind, ein kultureller Ausdruck von Werten besteht, die für den Bestand des Gemeinwesens von höchster Bedeutung sind und dem Kerngehalt der Verfassung nahestehen. Diesen kulturellen Ausdruck gestützt auf ebendiese Verfassung zu beseitigen lässt auf eine partikulare Sicht von Verfassung und öffentlichem Leben schliessen, welche die ethische Grundlage des Staatswesens in einer merkwürdig anmutenden ideologischen Sichtverkürzung verkennt.

6. Der Bezug zu den Kirchen

Der zeichenhafte Hinweis auf die christliche Religion, der zwar mit der Anbringung des Kreuzes intendiert wird, sich aber aus der Form allein nicht schlüssig ergibt, schliesst gewiss auch die christlichen Konfessionen, die «verfasste Religion», ein, in denen der Kerngehalt des Glaubens kultisch gepflegt und entfaltet wird. Denn ohne die fortdauernde Existenz und Wirksamkeit der Kirchen würden – auf lange Zeitläufte betrachtet – die von ihnen ausgehenden Ströme ethischer Erkenntnisse und Werte versiegen. Aber das Zeichen des Kreuzes selbst spricht keine Präferenz für die eine oder andere Kirche aus. Auf die Kirchen allerdings dürfte dieses Zeichen – einschlussweise – auch verweisen, weil sie Hüter und Entfalter der christlichen Religion sind. Gewiss, die evangelisch-reformierte Kirche in der Schweiz verwendet das Kreuzes-Zeichen, ihrer Geschichte entsprechend, nur spärlich, und Kruzifixe kennt sie nicht. Aber schon in den evangelisch-lutherischen Kirchen in der Bundesrepublik Deutschland, in den altkatholischen Kirchengemeinschaften, in der anglikanischen Kirche und insbesondere in den orthodoxen Kirchen werden Kreuze und Kruzifixe verehrt, und wo sie dort auch im profanen öffentlichen Bereich angebracht werden, kommt ihnen die oben dargestellte Funktion des Verweises auf die christliche Religion zu. Kreuze und Kruzifixe haben in Kirchen und Kapellen, in denen sich in der Regel gläubige Christen versammeln, deshalb eine andere Bedeutung, weil dem gläubigen Betrachter – und nur ihm – dieses Zeichen eine Offenbarungswahrheit versinnbildlicht, eine Glaubenssprache spricht. Sie bilden einen «kultischen Gegenstand». Wird aber dasselbe – vielfacher Interpretation offene – Zeichen im profanen Bereich eingesetzt, in dem Menschen verschiedenen Glaubens und unterschiedlicher Weltanschauung verkehren, fällt die kultische Funktion weg, und es bleibt, wenn der Betrachter überhaupt eine solche Überlegung anstellen will, was ihm durchaus freisteht, beim Verweis auf die christliche Religion.

In den katholischen Gegenden der Schweiz und Europas, in denen seit Jahrhunderten in überaus zahlreichen öffentlichen Räumen und in einer grossen Zahl von öffentlichen Gebäuden, Plätzen und Orten, wo kein Kult stattfindet und dem Zeichen keine kultische Reverenz erwiesen wird, ein Kreuz hängt oder aufgerichtet ist, tritt diese Änderung der Zeichenfunktion mit dem Wechsel von der sakralen Sphäre in die profane Szenerie naturgemäss ein, was die tägliche Erfahrung zeigt. Der Staat – oder wer immer das Kreuz angebracht hat – will sich damit nicht mit einer bestimmten Kirche «identifizieren» oder ihr eine Präferenz einräumen, wenn auch die katholischen Bewohner dieser Gegend, wenn sie sich überhaupt des Zeichens achten, bei der durch das Zeichen hervorgerufenen Erinnerung an die christliche Religion vielleicht auch an die katholische Kirche als die Hüterin ihres Glaubens denken mögen, so wie es evangelisch-reformierten Bewohnern naheliegen mag, mit der durch das Zeichen in Erinnerung gebrachten Verbundenheit mit der christlichen Religion auch ihrer eigenen Kirche zu gedenken. Den Umstand, dass katholische Gegenden, weit mehr als andere Gegenden, das Kreuz auch im profanen Bereich anbringen, kann ein Andersgläubiger mühelos als eine andersgeartete, geschichtlich gewordene kulturelle Eigenheit begreifen, die sowohl Bewohner wie Reisende in toleranter Gesinnung zu achten wissen, ja vielleicht sogar bei einer Geisteshaltung, die der andern kulturellen Ausdrucksweise weitherzig offensteht, zu lieben lernen. Wer diese Annahme oder Hinnahme der andersgearteten kulturellen Phänomene, die eine lange Geschichte hinter sich haben, nicht nachvollziehen kann, mag sich die Frage stellen, ob in ihm nicht die eigene konfessionelle Prägung die objektiven Umrisse des Sachverhaltes verzerrt oder verdunkelt und den Weg zur toleranten Annahme des Ungewohnten versperrt.

7. Kreuz und Kruzifix

So geht es auch nicht an, zwischen Kreuz und Kruzifix einen Unterschied zu machen. Beiden Gestaltungsformen, von denen das Kruzifix häufig ein denkmalähnliches Objekt von hohem künstlerischem Rang darstellt, kommt im profanen Bereich keine andere Funktion zu als die eines Hinweises auf die christliche Religion. (Das Bundesverfassungsgericht trifft übrigens in seinem Entscheid diese Unterscheidung ebenfalls nicht, weil es der Meinung ist, beide Zeichenformen sprächen, unbesehen ihres örtlichen Kontextes, ausdrücklich eine theologische Sprache). Aus dem Umstand, dass in der Schweiz evangelisch-reformierte Kirchenräume keine Kruzifixe aufweisen, die Folgerung zu ziehen, Kruzifixen im profanen Kontext komme daher ein konfessioneller, bekenntnishafter katholisch-kirchlicher Charakter zu, der den Hinweis auf die allgemeine christliche Religion sozusagen überdecke, und dass demzufolge das Anbringen von Kruzifixen in öffentlichen Gebäuden und Räumen nicht zulässig sei, verkennt die kulturelle Realität: Der katholische Christ macht zwischen beiden Gestaltungsformen keinen Unterschied, und staatliche Instanzen und Träger öffentlicher Einrichtungen in katholischen

Gegenden, die Kruzifixe aufstellen, vollziehen damit keinen kirchlichen Akt, gar noch mit missionarischer Absicht, und weder sie noch jene, die das Kruzifix wahrnehmen, messen diesen Zeichen eine spezifisch kirchlich-konfessionelle Bedeutung bei.
Es ist möglich, dass ein gläubiger evangelisch-reformierter Christ, der bei seiner konfessionellen «Sozialisation» in einem mehrheitlich protestantischen Schweizer Kanton höchstens das Kreuz, nicht aber das Kruzifix, als Symbol des christlichen Glaubens kennenlernte, das Kruzifix als typisch «katholisches Zeichen» identifiziert, weil es dieses Zeichen in den evangelisch-reformierten Kirchenräumen nicht gibt. Daraus jedoch zu schliessen, dass demzufolge Kruzifixe, die in öffentlichen Räumen aufgestellt sind, katholisch-konfessionelle, ja konfessionalistische, bekenntnismässige Funktion und Aussageweise hätten, stimmt mit der Lebenswirklichkeit in katholischen Gebieten nicht überein. Eine solche Schlussfolgerung drängt sich auch nach den abstrakten Gesetzen der Logik keineswegs auf, und sie verliert ohnehin ihre vermeintliche Stringenz im Blick auf die Verwendung von Kruzifixen in andern kirchlichen (nichtkatholischen) Gemeinschaften in unserm Land und in zahlreichen europäischen Staaten.
Der Atheist aber, der christliche Zeichen in öffentlichen Räumen überhaupt ablehnt, wird zwischen Kreuzen und Kruzifixen keinen Unterschied machen. Die besonders in der katholischen Kirche gewachsenen bildnerischen Ausdrucksformen aus dem öffentlichen Leben jedoch eliminieren zu wollen hat doch einen – wohl ungewollt – diskriminatorischen Einschlag, zumal es einer geringen Toleranzanstrengung bedarf, Kreuze und Kruzifixe als äussere religionsgeprägte, aber interpretationsoffene, regionsspezifische Zeichen zu respektieren.

8. Schule im kulturellen Kontext

Es versteht sich von selbst, dass sich die Schule von diesen kulturellen Gegebenheiten nicht isolieren kann. Wenn infolge der – vorne in II. 1 geschilderten – durchgehenden kulturellen Vernetzung in staatlichen und in andern öffentlichen Gebäuden und auf öffentlichen Plätzen und Wegscheiden Kreuze und Kruzifixe und andere religiös

geprägte bildliche Darstellungen angebracht sind, so wäre schlicht nicht zu verstehen, weshalb sie nicht auch in Schulzimmern hängen dürfen. Schulen sind ohnehin nicht blosse Verwaltungsabteilungen. Sie sind, auch wenn sie vom Staat organisiert und finanziert werden, ebensosehr allgemein-gesellschaftliche Einrichtungen, die an der Volkskultur ganz natürlich teilhaben dürfen. Sie stehen, vor allem auf der Volksschulstufe, in unmittelbarer geographischer und gemüthafter Nähe zum Elternhaus, dem die Schüler und Schülerinnen entstammen. Dass sich religiös geprägte Phänomene, seien es Kreuze, Kruzifixe oder andere bildliche Darstellungen, gerade auch in den Schulen, in einem bedeutenden Teil der Lebenswelt der Kinder, vorfinden, ist ein vollkommen natürlicher Vorgang, dem nicht die Spur eines plakativen kirchlich-konfesssionellen, zu Bekenntnis herausfordernden Zeichens anhaftet. Lebendige Volkskultur will überall präsent sein. Ihr einzelne Darstellungs- und Entfaltungsräume zu versperren würde ihrem Charakter eines prägenden privaten und öffentlichen Ambiente widersprechen und hätte eher den Ruch einer diskriminatorischen Ausgrenzung.
Unterricht und Erziehung waren schon immer, und sie sind es nach allen modernen pädagogischen und didaktischen Grundsätzen heute erst recht, dem Prinzip der Ganzheitlichkeit verpflichtet. Diesem Geist der Ganzheitlichkeit widerspräche die Aussperrung religiös geprägter Phänomene, Symbole, Embleme, Bilder und anderer Zeichen; sie würde eine dem bon sens unverständliche künstliche Ausnahmesituation schaffen, dies ausgerechnet im Bereich der Religion, die zu einer der grossen, zeitübergreifenden Daseinsmächte der Menschheit gehört (Jacob Burckhardt, «Weltgeschichtliche Betrachtungen», Ausgabe 1941, S. 89ff.).
In mehrheitlich katholischen Gemeinden der Schweiz werden denn auch neu errichtete Schulhäuser, in Gegenwart von Geistlichen beider Konfessionen, in einer von den Gemeinde- und Schulbehörden organisierten ökumenischen Feier eingeweiht, und dabei bringen Schulkinder Kreuze in die einzelnen Schulräume – ausdrücklich als Zeichen der Verbundenheit der Schule mit der christlichen Religion. Das steht in innerer Entsprechung zu den in den Erziehungsgesetzen und Lehrplänen niedergelegten Grundsätzen für Bildung und Erziehung. Kreuze und Kruzifixe wollen nichts anderes in Erinnerung rufen als das, was diese gesetzlichen Vorschriften und was Lehrpläne,

in voller Beachtung des Toleranzgebotes, verbindlich vorschreiben. Wo dies naheliegt, können Lehrpersonen das Anbringen dieser religiös geprägten Zeichen mit Hinweis-Charakter zum Gegenstand einer im Geiste der allseitigen Toleranz geführten Aussprache machen, und Gelegenheiten zu paritätischem Vorgehen bei der Auswahl von bildlichen Darstellungen lassen sich bei gutem Willen immer finden.

Schulen durch höchstrichterliche Entscheide als «kreuzfreie Oasen» in einer durch religiöse Bezüge geprägten Volkskultur erzwingen zu wollen trifft die kulturelle Identität des Volkes an höchst empfindlicher Stelle, dort, wo religiöses Empfinden sich mit dem kulturellen Ausdruck verbindet. Solche realitätsferne Entscheide werden, wovon noch die Rede sein wird, zwar vielleicht nicht intendiert, werden aber implizit falsche Signale aussenden und spontanen heftigen Widerstand erzeugen. Ist es so schwer, nachzuvollziehen, dass die gerichtlich dekretierte Entfernung von Kreuzen und Kruzifixen, die von der zuständigen Schulbehörde angebracht worden waren, auf Kinder und ihre Eltern, die in ihrer profanen Lebenswelt – ausserhalb und innerhalb öffentlicher Räume – sehr häufig diesen religiös geprägten Zeichen begegnen, nicht nur eine befremdende Wirkung auslöst, sondern in ihnen die diffuse, undifferenzierte Vorstellung aufkommen lässt, «Religion» sei für Bildung und Erziehung ein irrelevanter Bereich, für Religion überhaupt gebe es nach richterlicher Meinung in der Schule keinen Raum? Ist es so schwierig zu erkennen, dass solches Vorgehen – um die Formulierung des Schweizerischen Bundesgerichtes im hier besprochenen Fall (in Erw. 7 b) im umgekehrten Sinn zu verwenden – «nicht unbedeutende Auswirkungen auf die geistige Entwicklung der Schüler und auf ihre religiösen Überzeugungen haben kann» («può avere conseguenze non indifferenti soprattutto sull'evoluzione spirituale degli allievi e sulle loro convinzioni religiose»)?

9. Ergebnis

Diesen Einsichten kann unschwer entnommen werden, dass ein Kreuz, das in öffentlichen Räumen und in Schulzimmern hängt, vom Benützer dieser Räume keine Stellungnahme und keine Entscheidung einfordert, kein konfessionelles Bekenntnis zur Schau stellt oder gar postuliert, keine Präferenz für eine bestimmte Kirche ausspricht, nicht die Spur eines «Zwangselementes» aufweist und überhaupt keine «missionarische» Funktion wahrnehmen will – und kann. Diese Einsichten leuchten allerdings nur dem ein, der sich freimacht von inadäquaten Auslegungen, die man nach Belieben in die Zeichen hineininterpretieren kann. Massgebend für die Beurteilung der Wirkung von Zeichen auf die Benützer von öffentlichen Räumen darf nur sein, was sich nach objektiven Massstäben unzweifelhaft direkt aus den Zeichen ergibt, was sich – ohne subjektive Interpretation – als realer Zeichensinn aufdrängt. Man darf sich dabei einen durchschnittlichen Betrachter vorstellen, der tolerant gesinnt ist und andere kulturelle Phänomene als die seinen zu respektieren weiss. Und ein allseitiges Toleranzverständnis dürfte in der Tat in einem multikulturellen Staat den sichersten Weg weisen, um Glaubens- und Gewissensfreiheit in der Schule zu gewährleisten, wie das Schweizerische Bundesgericht schon in BGE 114 I a 134 und im Falle Cadro in Erw. 6 a erklärt hat.

Aus diesen Erkenntnissen ergibt sich unschwer der Schluss, dass ein richterlicher Entscheid, wonach ein an der Wand eines Schulzimmers hängendes Kreuz oder Kruzifix die Glaubens- und Gewissensfreiheit eines Schülers (bzw. seiner Eltern) nicht nur verletzen «könne», sondern gar tatsächlich verletze und mit der Neutralität der Schule nicht vereinbar sei, sich weit weg von der (Lebens- und) Schulwirklichkeit in einer Gegend, deren kultureller Kontext im profanen Bereich religiös geprägt ist, entfernt. Eine rein theoretisch-doktrinäre Betrachtungsweise vermag schon von der Methode der Erkenntnisgewinnung her der umgreifenden kulturellen Realität schlechthin nicht gerecht zu werden. Indem Gerichte die tatsächlichen Gegebenheiten verkennen, greifen sie unbedacht in die kulturelle Eigenständigkeit eines Landesteils und in den Verantwortungsbereich der lokalen Schulbehörde ein. Darüber hinaus geraten sie unversehens an die Grenze – oder überschreiten sie gar – einer möglichen Verletzung der positiven Glaubens- und Gewissensfreiheit jener christlich orientierten Schüler und Eltern, die nach überkommenem Brauchtum und geistiger Tradition Kreuz oder Kruzifix als Hinweis auf die religiöse Wirklichkeit hochschätzen und lieben. Es mag in diesem Zusammenhang von Interesse sein, dass nach Art. 9 Ziff. 1 EMRK der Anspruch auf Religionsfreiheit auch die Freiheit umfasst, seine Religion u. a. auch durch «Beachtung religiöser Gebräuche» auszuüben, und dass das Zusatzprotokoll zur EMRK vom 20. März 1952 in Art. 2 gerade das Elternrecht im Hinblick auf die Achtung ihrer religiösen und weltanschaulichen Überzeugungen schützen will.

10. Kulturhoheit und Schulhoheit der Kantone und Bundesländer

Es erscheint im Zusammenhang der geforderten Beachtung der kulturellen Identität von Gegenden mit eigengearteten kulturellen Traditionen angebracht, auf einen bedeutsamen verfassungsmässigen Aspekt aufmerksam zu machen: Im Dienste des Respektes andersgearteter kultureller Ausdrucksformen steht in den bundesstaatlich organisierten Staatswesen die Einrichtung der Kulturhoheit – und insbesondere der Schulhoheit – der Kantone in der Schweiz und der Bundesländer in Deutschland und Österreich. Sie ermöglicht den Schutz, die Erhaltung und Entfaltung der jeweiligen kulturellen Eigenarten von Ländern und Kantonen und hilft, die kulturelle Identität der entsprechenden Gegenden zu wahren. An solchen dezentralen Zuständigkeiten dürfen, je nach ihrem Recht, auch die Gemeinden partizipieren, besonders im Bereich der Schulhoheit, die den Gemeinden einen beträchtlichen Grad von Eigengestaltung einzuräumen pflegt. Das Zusammenleben von verschiedenen Kulturkreisen im gleichen Bundesstaat wird garantiert durch die relativ autonome Bewahrung und Pflege der überkommenen Traditionsbestände und ihre jeweilige zeitgemässe örtliche Anpassung und Entwicklung. Diese institutionelle Vorkehr im Bereich der lenkenden Strukturen bildet eine lebenswichtige Voraussetzung für das friedliche Zusammensein unterschiedlicher Kulturräume und sichert zugleich die – Staat und Gesellschaft bereichernde – Vielfalt eines Landes. Greift ein einzelner ohne Not, ohne reale, glaubhaft gemachte Beeinträchtigung seines Gewissensbereiches, ein Stück dieser kulturellen Eigenart an, so sollte nicht eine zentrale Instanz – und wäre es auch das höchste Gericht – in diesen verfassungsmässig abgesicherten, unteren Hoheitsbereich eingreifen und damit den kantonalen Hoheitsbereich oder die Länderhoheit unterlaufen.

11. Folgen der Entfernung der Kreuzes-Symbole

Wenn man sich vor Augen hält, dass die Präsenz von Kreuzen und Kruzifixen im profanen Raum in katholischen Gegenden ein seit Jahrhunderten gepflegtes Brauchtum darstellt und zur kulturellen Identität breiter Volksschichten gehört, ist es nicht verwunderlich, dass Emotionen hochschiessen und sich Empörung und Erbitterung breitmachen, wenn eine zentrale staatliche Instanz auf Bundesebene – «zur Wahrung der religiös-weltanschaulichen Neutralität» des Staates – die Entfernung des Kreuzes-Zeichens aus den Schulzimmern verordnet. Einerseits empfinden sehr viele Menschen den Eingriff als Geringschätzung, Beeinträchtigung und Verletzung der geschichtlich gewachsenen kulturellen Ausdrucksformen. Anderseits fürchten viele christliche Eltern, die ihre Kinder der Schule anvertrauen, dass der Staat die christliche Grundlage von Erziehung und Bildung nicht mehr zulassen will und damit in ihren erzieherischen Verantwortungsbereich einbricht. Gewiss, man darf annehmen, dass dies nicht die Intention der Verfassungsrichter war, sondern dass sie aus dem Teilaspekt der religiös-weltanschaulichen Neutralität des Staates so entscheiden zu müssen glaubten. Aber sie bedachten wohl nicht, dass Staat und Gesellschaft, Religion, Kultur und Schulwirklichkeit miteinander vernetzt sind. So erscheint es fast zwangsläufig, dass sich der Staat, der ein in langer Geschichte gewachsenes Phänomen beseitigen will, grösste Missverständnisse auflädt und dass er Signale aussendet, die über den unmittelbaren Gehalt der Entscheidung weit hinausgreifen. Die Befürchtung, er strebe eine der kantonalen und kommunalen oder in einem Bundesland verwurzelten Schultradition stracks zuwiderlaufende laizistische Schule an, lässt sich in der Tat nicht leicht von der Hand weisen. Denn wenn schon ein Kreuz – als Zeichen der Verbundenheit mit der christlichen Religion – keinen Platz in der Schulstube beanspruchen darf, so hält es schwer, darauf zu vertrauen, dass die Verweise auf christliche Herkunft und Lebensgrundlagen in den Lehrplänen und im mündlichen Unterricht, die doch viel deutlicher, als ein mehrdeutiges interpretationsbedürftiges Zeichen es zu tun vermag, im Sinne einer christlichen Grundorientierung wirken und wirken sollen, weiterhin bestehen und in den Schulalltag umgesetzt werden dürfen. Dass alsdann bei älteren Menschen in Deutschland die Erinnerungen an den hartnäckigen Kampf der atheistischen Machthaber im nationalsozialistischen Dritten Reich gegen die Kreuze in den Schulzimmern wieder wach werden, erscheint durchaus begreiflich; der anschauliche Aufsatz von Walter Ziegler, dem Inhaber des Lehrstuhles für bayerische Geschichte an der Universität München, im Sonderheft «Schule ohne Kreuz?» (vgl. den im Anhang beigefügten Überblick über die benutzte Literatur) mag die auch damals entfachte Empörung illustrieren.

12. Die religiös-weltanschauliche Neutralität des Staates

Was nun das Entscheidungskriterium der religiös-weltanschaulichen Neutralität des Staates betrifft, so ist zu beachten, dass dieser Neutralitätsbegriff bei weitem nicht so eindeutig umrissen ist, wie seine programmatische Einfachheit suggerieren mag. Vor allen Dingen ist zu beachten, dass dieser Begriff nicht «selbstzwecklich», als Wert an sich, verstanden werden darf. Vielmehr steht er im Dienst sowohl des konfessionellen Friedens wie der Wahrung der negativen und positiven Religionsfreiheit aller durch staatliche Anordnungen unmittelbar Betroffenen. Verkennt man diese funktionale Bedeutung der staatlichen Neutralität in religiösen und weltanschaulichen Angelegenheiten, so besteht die Gefahr, dass sie der richterliche oder politische «Anwender» als schneidendes Schwert benützt, das keine ganzheitliche Beurteilung und keinen Ausgleich zwischen den Rechtssphären der unterschiedlichen Kategorien von Betroffenen zulässt, und dass eine bedeutsame Leitidee zu einem verfassungsnormähnlichen rigiden Dogma gerinnt, das eine sachgerechte Entscheidung in einem so sensiblen Bereich ausserordentlich erschwert. Wer die gründliche und allseits ausgewogene Studie von Klaus Schlaich «Neutralität als verfassungsrechtliches Prinzip» (1972) zu Rate zieht, erkennt sehr rasch, wie vieldeutig dieser Begriff ist und welch besonnenes Abwägen dessen sachgerechte Anwendung erfordert. Vor allem weist Schlaich darauf hin, dass der Neutralität zu Unrecht der Charakter eines Rechtsbegriffes, aus dem selbständig Folgerungen gezogen würden, beigelegt wird (a. a. O., S. 130; 221ff.). Sie sei vielmehr ein heuristisches Prinzip, das als Hilfs- und Interpretationsmittel zur Erkenntnis von Normen und deren Inhalt diene (a. a. O., S. 230ff.).

Schlaich umreisst zahlreiche Bedeutungsgehalte der Neutralität: Sie tendiere - negativ - zur Nichteinmischung oder Enthaltsamkeit und von dieser Ausgangslage her zu Unparteilichkeit, die sich nicht erschöpft im Gebot der Nichtidentifikation mit einer der Parteien (z. B. einer Konfession) (a. a. O., S. 220ff.). In einer zweiten, positiven Ausrichtung beschreibe Neutralität das Gewährenlassen und schliesslich das Ausbalancieren der verschiedenen Kräfte; hier wende sie sich den gehaltvolleren Begriffen wie Parität, Pluralität, Toleranz, Anerkennung und vornehmlich und zentral der Freiheit zu (a. a. O., S. 222). Auf die Schule angewandt, bedeutet dies nach der Auffassung von Axel Freiherr von Campenhausen, dem Leiter des Kirchenrechtlichen Institutes der Evangelischen Kirche Deutschlands, dass der weltliche Staat die religiösen und weltanschaulichen Überzeugungen seiner Bürger nicht ignorieren dürfe; die Neutralität des Staates gebiete sogar, die religiös oder weltanschaulich geprägten Normen und Wertvorstellungen der einzelnen Bürger in der Schule zum Zuge kommen zu lassen. Der Staat genüge seiner Neutralität auf diesem Gebiete erst dann, wenn er nicht im Sinne eines Neutralismus alles dieses von der Schule ab- und fernhalte, sondern unter Beachtung von Toleranz und Parität die unterschiedlichen religiösen und weltanschaulichen Werte und Normen in der Schule pflege und dadurch neutral fördere (vgl. gutachtliche Stellungnahme zuhanden des BVerfG, S. 15, Dokumentationsband, S. 149). Diese Betrachtungsweise dürfte sich adäquat in den Sinn von Art. 27 Abs. 3 der Bundesverfassung einfügen; sie kommt auch im Entscheid des Bundesrates vom 29. Juni 1988 zum befriedigenden Ausdruck (vgl. hinten III/2 e). Wer von einem starren, den Umständen nicht angepassten Rechtsprinzip von religiös-weltanschaulicher Neutralität ausgeht, gerät beim Gang durch Staat und Gesellschaft auf vielerlei Widersprüche, die ein rigide verstandenes Prinzip aushöhlen und zum Einsturz bringen. Wie ist, um nur die Gegebenheiten in der Schweizerischen Eidgenossenschaft ins Auge zu fassen, mit dem eng gefassten Rechtsprinzip und mit dem Gebot der Nichtidentifikation zu vereinbaren, wenn acht Kantone (bedeutende und verdienstvoll wirkende) Theologische Fakultäten führen (Bern, Basel, Zürich, Waadt, Genf, Neuenburg, Freiburg und Luzern), Einrichtungen also, die - ganz anders als Symbole - zur Vertiefung und zeitgemässen Verbreitung des christlichen Glaubens beitragen sollen? Wie lässt sich mit der strikten Neutralität vereinen, wenn die Kantone den christlichen Religionsgemeinschaften nicht nur öffentliche Anerkennung zuteil werden lassen, sondern ihnen zur Konstituierung von Landeskirchen das institutionelle Gerüst und die Durchsetzungsmacht leihen? Wie verhält es sich mit dem Verbot der Identifikation, wenn Kantone nach altem Recht und Brauch Geistliche als Beamte betrachten und ihnen aus der Staatskasse das Gehalt bezahlen? Wie lässt sich vor dem rein formalrechtlichen Verständnis der Neutralität die vom Staat besorgte Organisation von Militärseelsorge und von der Seelsorge in Spitälern und Anstalten rechtfertigen? Aus diesen keineswegs abschliessend genannten Beispielen mag erhellen, dass die Präsenz von Kreuzen und Kruzifixen in öffentlichen Räumen – als äussere, der Interpretation offene Zeichen der Verbundenheit mit der christlichen Religion in ihrer zurückhaltenden Aussageweise und Mehrdeutigkeit – im Vergleich mit den genannten staatlichen Einrichtungen unter dem Aspekt der Neutralität als «harmloses», ja als unerhebliches Phänomen erscheint. Zum gleichen Resultat gelangt der neutrale Beobachter, wenn er aus der Ferne die Verhältnisse in der Bundesrepublik Deutschland sowohl auf der Ebene des Bundes wie auf jener der Bundesländer analysiert; die deutschen Staatsrechtslehrer weisen auf zahlreiche analoge, verfassungsmässig zulässige Annäherungen zwischen Staat und Kirche hin.

III. Der Entscheid der I. Öffentlichrechtlichen Abteilung des Schweizerischen Bundesgerichtes vom 26. September 1990

in italienischer Sprache BGE 116 I a (1990), 3. Heft, S. 252–263; deutsche Übersetzung in «Zentralblatt für Staats- und Verwaltungsrecht» (1991), S. 70–79, und in EuGRZ 1991, S. 89

1. Sachverhalt

a) Am 19. September 1984 beschloss der Gemeinderat von Cadro, in jedem Zimmer des neuen Primarschulhauses ein Kruzifix anbringen zu lassen. Der Beschluss wurde ungesäumt vollzogen. Vor Aufnahme des Unterrichtes hängte der an der Gemeindeschule tätige Lehrer Guido Bernasconi die Kruzifixe eigenmächtig ab, auch in jenen Klassenzimmern, in denen er keinen Unterricht zu erteilen hatte. Am 30. September bestätigte der Gemeinderat seinen Beschluss.

b) Auskünften des Gemeinderates von Cadro sind die folgenden weiteren Fakten zu entnehmen: Schon im alten Schulhaus von Cadro waren in allen Schulzimmern Kruzifixe angebracht. Im neuen Schulhaus wollte der Gemeinderat kleinere Kruzifixe anbringen, als im alten Schulhaus hingen: sie wären 20 cm hoch und 12 cm breit gewesen. Der vorgesehene Standort war rechts von der Wandtafel, hinter dem Lehrer. Die Schulräume dienten, wie schon im alten Schulhaus, auch der Durchführung des freiwilligen Religionsunterrichtes. Der Lehrer Bernasconi, der in Cadro als gewählter Lehrer in den Jahren 1967–1972 und von 1976–1988 unterrichtete, hat sich in den 13 Jahren, während deren er in den Schulzimmern des alten Schulhauses tätig war, über die Präsenz von Kruzifixen nie beklagt, obschon sie von grösserem Format waren. Bernasconi wohnte selbst nicht in Cadro, sondern in Roveredo.

c) Es erscheint nicht unerheblich, folgende personelle Umstände zu kennen: Der Lehrer Bernasconi hat sich gegenüber dem Gemeinderat als Atheist bezeichnet. Er war Sekretär der Tessiner Sektion der Schweizerischen Freidenkervereinigung. Keiner der drei Gemeindeeinwohner, die zusammen mit Bernasconi und der Freidenkervereinigung beim Staatsrat Beschwerde einreichten – wovon gleich die Rede sein wird –, hatte sich vorher beim Gemeinderat von Cadro je über die Präsenz von Kruzifixen in den Schulzimmern beschwert; zwei davon bezeichneten sich wie Bernasconi als Atheisten. Zwei der drei beschwerdeführenden Gemeindeeinwohner hatten in der Schule von Cadro keine Kinder. Bernasconi kündigte 1988, auf das Schuljahr 1988/89 hin, seine Stelle und begab sich, etwa Mitte 1988, nach Brasilien, wo er heute noch lebt.

2. Windungsreicher Verfahrensverlauf

a) Guido Bernasconi sowie die Sektion Tessin der Freidenkervereinigung der Schweiz, der Vater eines evangelisch-reformierten Schülers und zwei weitere Gemeindebewohner fochten den Beschluss des Gemeinderates von Cadro vom 19. September 1984 beim Staatsrat des Kantons Tessin an, wobei sie die Verletzung des Gleichheitsgrundsatzes (Art. 4 BV), der Glaubens- und Gewissensfreiheit (Art. 49 BV) und der konfessionellen Neutralität der Schule (Art. 27 Abs. 3 BV) geltend machten. Mit Entscheid vom 10. Dezember 1985 trat der Staatsrat auf die Beschwerde der genannten Vereinigung wegen fehlender Legitimation nicht ein und wies die Beschwerde Bernasconis und der drei Gemeindeeinwohner ab. Der Umstand, dass zwei der genannten Gemeindeeinwohner keine Kinder hatten, die die Schule von Cadro besuchten, bot keinen Anlass, über die Frage der Legitimation Überlegungen anzustellen.

b) Mit Eingabe vom 27. Dezember 1985 verlangte Guido Bernasconi beim *Verwaltungsgericht des Kantons Tessin* die Aufhebung der Entscheide des Staatsrates und des Gemeinderates von Cadro. Die anderen Beschwerdeführer, die das Begehren Bernasconis im erstinstanzlichen Verfahren unterstützt hatten, nahmen am Verfahren nicht mehr teil. Mit Urteil vom 2. Mai 1986 hiess das Verwaltungsgericht die Beschwerde gut. Zur Begründung führt es – auf einer halben

Seite! – an, mit dem Anbringen eines Kruzifixes verlasse die Schulbehörde die konfessionelle Neutralität, weil sie damit eine Präferenz für eine bestimmte Konfession bezeuge, und ein nichtchristlicher Schüler oder Lehrer könne sich dadurch in der Glaubensfreiheit verletzt fühlen. Als zustimmende Zeugen werden H. Plotke, Schulrecht, S. 164, Anm. 125, und der von diesem erwähnte BVerfGE 35 (1973), S. 374ff., betreffend Kreuze in einem Gerichtssaal zitiert; der zitierte BVerfGE war dem Gericht in seinem Wortlaut offensichtlich nicht bekannt, noch kannte es den diesem Präjudiz zugrunde liegenden Sachverhalt (vgl. dazu hinten V/1). Der Frage, ob dem Lehrer Bernasconi die Aktivlegitimation zustehe, sich auf Art. 27 Abs. 3 BV berufen zu können, ging das Verwaltungsgericht nicht nach.

c) Darauf reichte die Gemeinde Cadro beim *Bundesgericht* staatsrechtliche Beschwerde ein wegen Verletzung der Gemeindeautonomie in Verbindung mit Art. 4 BV (Gleichbehandlung), Art. 27 Abs. 3 BV («neutrale» Schule) und Art. 49 BV (Glaubens- und Gewissensfreiheit) und stellte den Antrag, das Urteil des kantonalen Verwaltungsgerichtes vom 2. Mai 1986 sei aufzuheben.

d) Das Bundesgericht konnte nicht übersehen, dass im Hinblick auf die Anrufung des Art. 27 Abs. 3 BV gestützt auf Art. 96 Abs. 1 OG (Gesetz über die Organisation der Bundesrechtspflege) für die Behandlung der Beschwerde der Bundesrat zuständig war. Der *Meinungsaustausch mit dem Bundesrat* führte zum gleichen Resultat. Das Bundesgericht leitete daher die Beschwerde an den Bundesrat weiter.

e) Der Bundesrat hiess am 29. Juni 1988 die Beschwerde der Gemeinde Cadro gut (in deutscher Übersetzung abgedruckt in «Zentralblatt für Staats- und Verwaltungsrecht», 90 [1989], S. 19ff.). Er legte in seinem Entscheid den im kantonalen Schulgesetz vom 29. Mai 1958 bestimmten Gestaltungsspielraum der Gemeinden im schulischen Bereich dar, stellte fest, dass keine gesetzlichen Bestimmungen über das Anbringen von Kruzifixen bestünden, und verwies auf die Bescheide des kantonalen Erziehungsdepartementes und des Staatsrates, wonach in dieser Frage die Gemeinden selbständig zu entscheiden haben. Der Bundesrat anerkannte deshalb, dass die Gemeinde Cadro im Rahmen ihrer Zuständigkeit gehandelt habe, die ihr aufgrund einer «langdauernden Übung» zuerkannt sei (Erw. 8–10). Hinsichtlich der Frage, ob das von der Gemeinde angeordnete Anbringen von Kruzifixen mit Art. 27 Abs. 3 BV vereinbar sei, schloss sich der Bundesrat der Auffassung des Staatsrates an, dass ein im Schulzimmer angebrachtes Kruzifix – «ein Symbol jener Werte, auf die sich die Bundesverfassung beruft» – die Glaubens- und Gewissensfreiheit des einzelnen nicht verletze, denn der Schüler werde dadurch nicht verpflichtet, einem religiösen Bekenntnis beizutreten, einem Kultus beizuwohnen oder an einer religiösen Zeremonie oder an einer sakramentalen Handlung teilzunehmen. Zum Vergleich zieht der Bundesrat – weitergehende – Vorgänge im Schulalltag heran wie das Schulgebet oder das Erteilen von Unterricht durch Geistliche, selbst wenn sie ein geistliches Gewand tragen, die mit Art. 27 Abs. 3 BV vereinbar seien. Der Bundesrat verweist sodann auf verschiedene Gutachten des Bundesamtes für Justiz, die diese Praxis erläutern, so auf ein (in französischer Sprache verfasstes) Gutachten vom 28. Dezember 1976 zu einem Vorentwurf zu einem kantonalen Gesetz über die Elementar- und Sekundarschule, das – in zulässiger Form – vorsah, dass sich der Unterricht auf die christlichen Grundsätze stütze. Der Bundesrat schliesst daraus, dass, wenn schon ein kantonales Gesetz der öffentlichen Schule eine religiöse Zielsetzung geben dürfe, es auch möglich sein müsse, in der öffentlichen Schule einer Tessiner Gemeinde ein Kruzifix anzubringen. Denn auch im Kanton Tessin könne man sich auf eine christliche Tradition berufen. Und sodann stimmt der Bundesrat der Erw. 9 des Entscheides des Staatsrates zu, wonach das Kruzifix nicht als ein – irgendwelche Nichtgläubige herausforderndes – diskriminierendes Zeichen aufgefasst werden könne, sondern als «Ausdruck und Symbol der Einheit und Gemeinschaft einer Gesellschaft, die auf Grundsätzen beruht, die der christlichen Lehre zugehören». Der Beschluss der Gemeinde Cadro stehe im übrigen in völliger Übereinstimmung mit den Bräuchen des Kantons Tessin, sei doch das Kruzifix auch in den Sitzungssälen des Grossen Rates, des Staatsrates und der Gerichte angebracht (Erw. 11 lit. a und b). Zusammenfassend hält der Bundesrat in Erw. 12 fest, dass das kantonale Verwaltungsgericht durch die Aufhebung des Entscheides des Staatsrates und des Beschlusses des Gemeinderates von Cadro die Gemeindeautonomie im Bereich des Schulwesens verletzt habe, weshalb das Urteil des Verwaltungsgerichtes aufzuheben und der Entscheid des Staatsrates zu bestätigen sei.

f) Es blieb nicht bei diesem bundesrätlichen Entscheid: Das Verfahren schlug vielmehr eine unerwartete Pirouette: Guido Bernasconi reichte am 16. Juli 1988 *bei der Bundesversammlung Beschwerde* ein. In einem erneuten Meinungsaustausch hielt das Bundesgericht an der Zuständigkeit des Bundesrates – aber auch der Bundesversammlung – fest. Die Bundesversammlung aber, der nun eine gesetzlich zwar vorgesehene, sachlich aber inadäquate, richterliche Funktion zugeschoben war, hielt sich keineswegs an die gesetzliche Ordnung (Art. 73 Abs. 1 lit. a des Verwaltungsverfahrensgesetzes VwVG, Marco Borghi, Kommentar zur BV, N 87 zu Art. 27), sondern hob, einem Bericht der Begnadigungskommission folgend, den Entscheid des Bundesrates vom 29. Juni 1988 «wegen fehlender Zuständigkeit» auf und wies den Fall an das Bundesgericht zurück. Dem Bundesgericht blieb nichts anderes übrig, als sich dem Willkürspruch der Bundesversammlung zu beugen («deve piegarsi») und den Fall in analoger Anwendung des Art. 85 Ziff. 13 BV – obschon kein Kompetenzkonflikt zwischen Bundesbehörden vorlag – an die Hand zu nehmen. Dieses vorläufige Ende eines windungsreichen Verfahrensablaufes mit dem unerwünschten Zwang zu einer Entscheidung mag vielleicht den atmosphärischen Missmut, der die knapp gefasste, entscheidende Erw. 7 des bundesgerichtlichen Entscheides durchzieht, in etwa erklären.

3. Das Urteil vom 26. September 1990

Das Bundesgericht kommt aus den – nachstehend dargelegten (und kommentierten) – Erwägungen zum Schluss, dass «das Anbringen des Kruzifixes in den Klassenzimmern der Primarschule dem Erfordernis der in Art. 27 Abs. 3 BV vorgesehenen Neutralität nicht genüge», und es sei demnach nicht nötig, die Frage unter dem Gesichtswinkel von Art. 4 BV zu prüfen.
Daraus folgerte das Bundesgericht, dass das kantonale Verwaltungsgericht die Tragweite von Art. 27 Abs. 3 in Verbindung mit Art. 49 BV richtig ausgelegt habe, ohne dass es dabei die Autonomie der

Gemeinde Cadro verletzt hätte, und es wies die staatsrechtliche Beschwerde der Gemeinde ab (Erw. 8).

4. Die Erwägungen des Bundesgerichtes – mit begleitendem Kommentar

a) In einlässlichen Ausführungen befasst sich das Gericht in Erw. 3–4 mit der Beschwerdelegitimation der Gemeinde Cadro, mit dem Prüfungsspielraum bei einer Autonomiebeschwerde sowie mit der Frage, auf welchen Gebieten des öffentlichen Unterrichtes und der Schulorganisation die Tessiner Gemeinden gemäss kantonalem Schulgesetz vom 29. Mai 1985 über freies Entscheidungsrecht verfügen; im Gegensatz zum Entscheid des Bundesrates wird auf Art. 57 des Tessiner Schulgesetzes, wonach die Gemeinden für die Schulhäuser und Unterrichtsräume, insbesondere deren Ausstattung, zu sorgen haben (vgl. BRB vom 29. Juni 1988, Erw. 9), nicht eigens hingewiesen. Aus der geschilderten Rechtslage lasse sich schliessen, so folgert das Gericht, dass das Schulgesetz den Gemeinden das Anbringen von Kruzifixen in Schulzimmern nicht verbiete und dass ihre Autonomie auf diesem Gebiet durch die kantonale Gesetzgebung nicht eingeschränkt werde.
Doch sei nun zu prüfen (Erw. 5, Einleitung), ob das Aufhängen des Kruzifixes in den Klassenzimmern der Schulen das Prinzip der konfessionellen Neutralität der Schule im Hinblick auf die Glaubens- und Gewissensfreiheit und eventuell das Gleichbehandlungsgebot verletze; würde diese Frage verneint, so müsste die staatsrechtliche Beschwerde wegen Verletzung der Gemeindeautonomie gutgeheissen werden. (Das heisst für den Fall, dass diese Frage bejaht werde, würde darnach auch keine Verletzung der Gemeindeautonomie vorliegen.) Damit wird nun allerdings die Aussage über das freie Entscheidungsrecht der Gemeinden in dieser Frage der Ausstattung der Schulzimmer nicht aufgehoben. Dagegen kann die Gemeinde im Einzelfall gegebenenfalls aus verfassungsrechtlichen Gründen ihr Verfügungsrecht nicht ausüben, vorausgesetzt, das Verfassungsrecht erkläre das Anbringen von Kruzifixen in den Schulzimmern als unvereinbar mit Art. 27 Abs. 3 BV und es bestehe kein Ermessensspielraum für adäquate individuelle Ausgleichslösungen.

b) In der *Erw. 5 a–e* stellt das Bundesgericht die geltende allgemeine Lehre über den Inhalt der Glaubens- und Gewissensfreiheit im Sinn des Art. 49 BV dar, der – gemäss Ulrich Häfelin/Walter Haller, Schweiz. Bundesstaatsrecht, 1988, S. 369, N 1196 – «alle geistlichen oder geistigen Überzeugungen und Auffassungen schützt, die sich auf das Verhältnis des Menschen zum Göttlichen beziehen». Alsdann wird zu Recht erklärt, die Glaubens- und Gewissensfreiheit erfordere nicht die absolute Neutralität des Staates in religiösen Angelegenheiten, denn sonst würde die gegenwärtige Ordnung der Beziehungen zwischen Kirche und Staat in den Kantonen in Frage gestellt. Der Staat sei religiösen Sachverhalten gegenüber (z. B. Anerkennung der Religionsgemeinschaften, Sonntagsgebot und Ermächtigung an die Kantone zur Anerkennung von acht Feiertagen, Feier des Eidgenössischen Bettages, «zahlreiche feierliche Handlungen» wie die Anrufung Gottes in den Verfassungen und im Briefverkehr zwischen Bundesrat und Kantonen und in der Verwendung der Schwurformel – Ausdrucksformen, die in der Gewohnheit verwurzelt sind) nicht indifferent. Die Anrufung Gottes in den Verfassungspräambeln (BV und kantonale Verfassungen) habe allerdings keinen normativen Wert; in diesem Zusammenhang wird J.-F. Auberts Kommentar zur BV (N 6 zur Präambel) zitiert, wonach Bund und Kantone «Stati laici» bleiben (in der deutschen Übersetzung steht hier der völlig unverständliche Ausdruck «Laienstaaten»).
Der italienische Urteilstext spricht in Erw. 5 lit. e zweimal von der «laicità dello Stato», was der Übersetzer im ersten Fall mit «religiöser Neutralität des Staates», im zweiten Fall mit «Laizität» des Staates wiedergibt. Hier ist zu beachten, dass der romanische Ausdruck «État laïque» oder «laicità dello Stato» bei wörtlicher Übertragung in die deutsche Sprache eine ungewollte Färbung in die Richtung eines «laizistischen Staates» nach französischem Modell erhält, ein Modell aber, das sich von dem in Bund und Kantonen vorgegebenen Verhältnis von Kirche und Staat und von Religion und Staat, wie sie das Urteil in Erw. 5 lit. d selber darlegt, wesentlich unterscheidet: Weder der Bund noch die Kantone verwirklichen einen laizistischen Staat – und noch weniger eine laizistische Schule! –, und die grosse Mehrheit des Volkes will dies auch nicht, wie die Abstimmungen über Trennungsinitiativen unmissverständlich klarstellen. Im deutschen Sprachgebrauch geläufig und einsichtig ist der Begriff des religiös-

weltanschaulich neutralen Staates oder auch des «säkularen», «weltlichen» Staates, der sich im 19. Jahrhundert aus der Umklammerung durch Kirchen und kirchliche Institutionen emanzipiert hat.
Nicht leicht verständlich, und es ist zu befürchten, dass er über das Ziel hinausschiesst, ist der zusammenfassende Schlusssatz in Erw. 5 lit. e, die «Laizität» gebiete dem Staat, «sich bei öffentlichen Handlungen jeglicher konfessioneller Erwägungen zu enthalten, die geeignet wären, die Freiheit der Bürger in einer pluralistischen Gesellschaft zu verletzen». Darf etwa der Bundesrat, wenn er dem Parlament einen Bericht zuleitet oder vor einer Volksabstimmung eine Volksbotschaft unterbreitet, Stellungnahmen des Evangelischen Kirchenbundes oder der Schweizer Bischofskonferenz oder anderer kirchlicher Gremien nicht erwähnen? Und welches sind die «konfessionellen Erwägungen», welche geeignet sein könnten, «die Freiheit der Bürger in einer pluralistischen Gesellschaft zu verletzen»? Es ist denn auch aufschlussreich, dass sich im Werk Karlens, der hier – nebst Erwin Fischer – als Kronzeuge zitiert wird, dieser Satz nicht findet; vielmehr führt Karlen auf der zitierten Seite 188 aus, das Neutralitätsgebot habe nicht den Sinn, das religiöse und weltanschauliche Moment aus der Staatstätigkeit vollständig auszuschliessen, und er fährt fort: «Es verlangt vielmehr die unparteiische, gleichmässige Berücksichtigung der in einer pluralistischen Gesellschaft auftretenden religiösen und weltanschaulichen Überzeugungen. Es ist ein Irrtum, eine antireligiöse und areligiöse Haltung als neutral zu bezeichnen. Die konsequente Ignorierung religiöser Sachverhalte würde vielmehr auf eine Identifikation mit einer laizistischen Indifferenz hinauslaufen und somit den Neutralitätsgrundsatz gerade verletzen. Bereits die Präambel bringt hinreichend deutlich zum Ausdruck, dass die Bundesverfassung nicht auf einer religionsfeindlichen Grundhaltung beruht und demnach ein einseitig laizistisches Verständnis des Neutralitätsgrundsatzes ausschliesst.» Mit diesen Einsichten steht Karlen in diametralem Gegensatz zum gleichwertig zitierten Erwin Fischer, der, wie seine Publikationen eindrücklich zeigen, ein dezidierter Anhänger einer radikalen Trennung von Kirche und Staat ist und jegliche staatliche Religionsförderung ablehnt.

c) In *Erw. 6* befasst sich das Bundesgericht mit der Bedeutung der konfessionellen Neutralität im Bereich der öffentlichen Schule. Die (schulrechtliche) Bestimmung von Art. 27 Abs. 3 BV sei die Folgerung aus der Glaubens- und Gewissensfreiheit gemäss Art. 49 BV und habe zum Zweck, die Achtung der abweichenden religiösen Überzeugungen einzelner Personen (Eltern und Schüler?) zu garantieren und zu vermeiden, dass sich diese als Aussenseiter vorkommen; sie verstärke darüber hinaus das den Eltern in Art. 49 Abs. 3 BV (und Art. 303 ZGB) eingeräumte Recht und schütze das Recht der Kinder, das religiöse Bekenntnis frei von jeder Beeinflussung zu wählen, sobald sie das sechzehnte Altersjahr vollendet haben (Art. 303 Abs. 3 ZGB). Art. 27 Abs. 3 BV verpflichte die öffentlichen Schulen dazu, Anhänger aller Bekenntnisse ohne Beeinträchtigung ihrer Glaubens- und Gewissensfreiheit aufzunehmen. Diese Bestimmung sehe einen verstärkten Schutz der Rechte für die nicht anerkannten konfessionellen Minderheiten vor wie auch für die Personen (Eltern und Schüler?), die sich zum Atheismus und zum Agnostizismus bekennen oder in religiösen Angelegenheiten gleichgültig sind, «soweit nicht Gründe der öffentlichen Ordnung oder des öffentlichen Interesses die Anwendung einschneidender Massnahmen erfordern (Art. 49 Abs. 5 BV und Art. 9 Ziff. 2 EMRK)», denen auch die traditionell vorherrschenden Religionen in der Schweiz unterworfen seien; diese «Religionen» dürften auf jeden Fall den staatlichen Behörden im Bereich der Schule keine Verhaltensweisen aufdrängen, die geeignet seien, die religiösen Gefühle von Schülern und Eltern anderer Überzeugungen zu verletzen. Die Darlegung dieser Grundsätze schliesst mit der allseits einleuchtenden Erklärung, die Glaubens- und Gewissensfreiheit könne vor allen Dingen durch eine tolerante Haltung garantiert werden (Erw. 6 a).

d) In der diesen Teil abschliessenden Erw. 6 b betont das Bundesgericht, dass nach diesen Grundsätzen die «konfessionelle Ausrichtung» des Unterrichtes durch die Behörden oder die Lehrer – zugunsten oder zuungunsten einer oder mehrerer Religionen – verboten sei; dieses Verbot betreffe aber ausschliesslich die «systematische Ausrichtung des Unterrichtes», da die Überzeugungen des Lehrers unausweichlich einen «gewissen Einfluss in bestimmten Unterrichtsgebieten ausüben». Hier verweist das Gericht, offenbar zustimmend, auf die «Ansicht» des Eidgenössischen Justiz- und Polizeidepartementes aus dem Jahre 1940, wonach der Unterricht auf christlichen Grundlagen («su basi cristiane») gründen könne, in dem Masse dieses (christliche) Fundament einen einfachen Hinweis auf die Werte der Kultur begründe, in der wir leben («in cui tale fondamento costituisca un semplice accenno ai valori della civiltà nella quale viviamo»); ein ähnlich lautendes neueres Gutachten des Bundesamtes für Justiz vom 28. Dezember 1976, auf das im (aufgehobenen) Bundesratsentscheid vom 29. Juni 1988 hingewiesen wird (vgl. vorne 2 e), bleibt unerwähnt. Und schliesslich stimmt das Gericht auch der im Kommentar Borghi zu Art. 27 BV vertretenen Auffassung zu, wonach mit der konfessionellen Neutralität vereinbar sei, dass Mitglieder einer religiösen Kongregation («membri di una congregazione religiosa», was in der deutschen Übersetzung missverständlich mit «Glieder einer Religionsgemeinschaft» übertragen wird) den ordentlichen Unterricht erteilen und dass Geistliche oder Laien den freiwilligen Religionsunterricht vermitteln.

Es ist erstaunlich, dass in der Erw. 6 die – bei der prozessualen Ausgangslage für das Tessiner Verwaltungsgericht bedeutsame – Frage nicht auftaucht, ob – über die in Art. 27 Abs. 3 BV erwähnten Schüler und (bis zu deren 16. Altersjahr) ihre Eltern hinaus – auch der Lehrer diese Bestimmung anrufen kann. Das dürfte kaum der Fall sein: Der Lehrer steht unter den Regeln des Dienstrechtes, und danach hat er die Stundentafeln und den Lehrplan einzuhalten (vgl. auch Herbert Plotke im Mitteilungsblatt des luzernischen Erziehungsdepartementes vom 16. 8. 1991, S. 34). Anzunehmen, dass das an der Wand angebrachte Kruzifix den Lehrer in den christlichen Glaubensinhalten unterrichten heisse, ist wirklichkeitsfremd; ein solcher Konflikt ist von Lehrer Bernasconi auch nicht behauptet worden, soweit den allerdings kargen Ausführungen des Bundesgerichtes entnommen werden kann. Für Lehrer Bernasconi, der sich als Atheist erklärte, stellte sich vielmehr die Frage, ob er in der Lage sei, vor den aus christlichen Familien stammenden Kindern das oben erwähnte «christliche Fundament» zu vermitteln und insoweit den vorgeschriebenen Lehrplan einzuhalten; an die Toleranz der christlichen Eltern und Behörden waren bei dieser Ausgangslage jedenfalls hohe Anforderungen gestellt. Da nach Erlass des Entscheides des Staatsrates vom 10. Dezember 1985 in allen Verfahrensteilen nebst der Gemeinde von Cadro einzig der Lehrer Bernasconi das Verfahren fortsetzte (vor kantonalem Verwaltungsgericht, vor Bundesrat, Bundesversammlung und Bundesgericht) und dieser seit 1988 in Brasilien lebt, hätte sich, so scheint es, die Frage des faktischen und rechtlichen Schutzbedürfnisses des Beschwerdeführers Bernasconi dringlich gestellt. Zudem lag, wie sich heute herausstellt, ein (nicht veröffentlichtes) anderslautendes Präjudiz des Bundesgerichtes vor (BGE i. S. B. gegen den Staatsrat des Kantons Freiburg vom 13. Januar 1982).

e) Trotz dieser fragwürdigen rechtlichen Ausgangslage hinsichtlich des rechtlichen Schutzbedürfnisses des Beschwerdeführers Bernasconi hat das Bundesgericht in der entscheidenden *Erw. 7* die Anwendung von Art. 27 Abs. 3 und Art. 49 Abs. 3 BV auf den Tatbestand des Anbringens eines Kruzifixes in einem Klassenzimmer geprüft, in einem Schulzimmer, «in dem öffentlicher Primarschulunterricht erteilt wird und das von Schülern besucht wird, die in religiösen Angelegenheiten noch nicht volljährig sind»; die Frage des Anbringens von Kruzifixen an andern öffentlichen Orten, wie in Gerichtssälen oder Sitzungszimmern der Exekutive und der Legislative, blieb zu Recht ausdrücklich ausgeklammert. Das Gericht weist vorab darauf hin, dass *«die neuere Lehre»* im Anbringen des Kruzifixes einen Widerspruch zum Verbot sehe, «den Unterricht mit bestimmten religiösen Bekenntnissen zu identifizieren». Als Zeugen der «neueren Lehre» werden jedoch einzig Borghi und der oben in lit. d erwähnte H. Plotke genannt; beide behandeln das Thema jedoch recht kursorisch, ohne Vertiefung in die Problemstellung. Einzig Plotke (Schulrecht, S. 164, bei N 7. 343) führt aus, das Kreuz sei ein – mehreren Bekenntnissen eigenes und wichtiges – «Kultsymbol»; die Behörde, die es in einem Schulzimmer aufhängen lasse, zeige, dass ihr bestimmte Bekenntnisse näher, andere aber ferner stünden; sie verlasse damit ihre Neutralität und könne daher einzelne Teilnehmer zurücksetzen. In Anm. 125 verweist er auf BVerfGE 35, S. 37ff. (Kreuz in einem Gerichtssaal). Borghi seinerseits führt in N 78, unter Hinweis auf die genannte Stelle bei Plotke, spürbar zurückhaltender aus, das Aufhängen eines Kruzifixes in einem Klassenzimmer einer von Kindern mehrerer Religionen besuchten Schule *könnte* als Verletzung des Grundsatzes der konfessionellen Neutralität der öffentlichen Schulen betrachtet werden. Der als «zurückhaltend argumentierend» – aber offenbar als grundsätzlich zustimmend – zitierte P. Karlen erklärt indessen im Aufsatz «Religiöse Symbole in öffentlichen Räumen» (Zbl. 90/1989, S. 18), verfassungswidrig erscheine die Anbringung religiöser Zeichen dann, wenn damit der Eindruck einer religiösen Selbstdarstellung der öffentlichen Gewalt entstehe oder wenn einzelne *aufgrund der konkreten Umstände* in ihren religiösen Überzeugungen verletzt würden. Dieser Fall sei gegeben beim Kruzifix, das auf dem Richtertisch in Blickrichtung zwischen Richter und den Parteien stehe. Das *blosse diskrete Vorhandensein von Kruzifixen in Schulzimmern werde diese Wirkung «normalerweise» kaum erzeugen;* eine andere Situation läge aber dann vor, wenn das Kreuz eine dominierende Stellung im Klassenzimmer einnehme. Die «neuere Lehre» mit dem vom Gericht dargestellten Inhalt stellt sich mithin als Meinung eines einzigen Autors heraus.

f) In Erw. 7 b, erster Satz, geht das Gericht beiläufig davon aus, das Kruzifix sei in der abendländischen Kultur ein Symbol des Christentums, und fährt dann in dieser Gedankenlinie fort, dass der Beschluss der Behörde (d. h. des Gemeinderates von Cadro), Kruzifixe in den Schulzimmern anzubringen, als Verbundenheit mit der Tradition und den christlichen Grundlagen der abendländischen Kultur verstanden werden könne; man «könne daher der Meinung sein», dass dieser Entscheid – «gegründet auf im wesentlichen verständliche Motive» – den Grundsatz der konfessionellen Neutralität des Unterrichts nicht verletze; er bezeuge bloss ein gewisses Verständnis des Staates für religiöse Sachverhalte und für die christliche Kultur.
Nun aber kommt, wie ein Deus ex machina, in einem schwer nachvollziehbaren Gedankensprung, unvermittelt, ohne weitere detaillierte Darstellung der effektiven Wirkung des Kruzifixes auf Schüler und Eltern, die doktrinäre Erklärung, der Staat dürfe sich «jedoch nicht die Befugnis herausnehmen, die eigene Verbundenheit mit einer Konfession in jedem Fall deutlich zu zeigen» – eine Erklärung, die vorne in den Erw. 5 und 6 nicht aufgeführt ist und selbst wiederum erklärungsbedürftig ist: Wie soll in unserem Lande, das die strikte Trennung von Kirche und Staat nicht kennt, die notwendige Zusammenarbeit zwischen beiden Institutionen auf vielen Gebieten erfolgen, wenn auch in jenen Gemeinden, die grossmehrheitlich protestantisch oder katholisch sind, die faktische Nähe zur weit überwiegenden Konfession «nicht deutlich gezeigt werden darf»? Diese Formulierung, die von der Realität des Alltags recht weit entfernt ist,

geht in ihrer Absolutheit doch wohl zu weit, und sie stimmt mit dem in unserem Land bewährten System der Zusammenarbeit zwischen Staat und Kirchen nicht überein.
Aber vor allen Dingen scheint das Gericht mit dieser doktrinären Erklärung zu unterstellen, das Anbringen von Kruzifixen zeige deutlich die Verbundenheit mit einer Konfession (und nicht bloss, wie es dem kulturellen Kontext entspräche, mit der christlichen Werttradition); ohne diese allerdings nicht ausdrücklich behauptete Unterstellung hinge der Satz beziehungslos in der Luft. Ein Nachweis, dass diese Annahme der Realität entspreche, wird indes mit keinem Wort erbracht (vgl. dazu vorne II/6 und 7).
Dem anschliessenden Satz «Er [d. h. der Staat] muss es vermeiden, sich mit einer Mehrheits- oder Minderheitsreligion zu identifizieren und so die Überzeugungen der Bürger anderer Bekenntnisse zu beurteilen» ist durchaus zuzustimmen, wenn auch zwischen dem ersten und zweiten Satzteil keine logische Konsequenz zu erkennen ist. Die massgebliche Frage im politischen Alltag ist jedoch, welche öffentlichen Akte als «Identifikation mit einer Mehrheits- oder Minderheitsreligion» (d. h. Konfession) zu qualifizieren sind. Alsdann fährt das Bundesgericht in seltsamer gedanklicher Inkohärenz fort, es sei «deshalb» begreiflich, dass «jemand, der die öffentliche Schule besucht, in der Zurschaustellung eines solchen Symbols den Willen sieht, die Auffassungen der christlichen Religion im Unterrichtsstoff zu verwenden oder den Unterricht unter den Einfluss dieser Religion zu stellen». Der plötzliche Wechsel von der doktrinären zu einer – freilich theoretischen – lebensweltlichen Argumentationsebene wird mit dem nicht verständlichen «deshalb» zu Unrecht verknüpft. Abgesehen davon, dass nach Erw. 6 b nur die systematische konfessionelle Ausrichtung des Unterrichtes, nicht aber der Unterricht auf christlicher Grundlage («fondato su basi cristiane») unzulässig ist, kann die «Verwendung von Auffassungen der christlichen Religion im Unterrichtsstoff» doch wohl kaum dem Prinzip der Glaubens- und Gewissensfreiheit widersprechen. Die Hauptfrage jedoch, ob Schüler oder Eltern der Primarschule von Cadro im Anbringen des Kruzifixes in den Schulzimmern ernstlich in der Glaubens- und Gewissensfreiheit beeinträchtigt wurden oder dies zumindest so empfinden mussten, wird überhaupt nicht gestellt; vielmehr scheint das Bundesgericht in einer merkwürdigen doktrinären Ausblendung der lebens-

weltlichen Realität anzunehmen, dem christlichen Symbol komme geradezu eine magische Wirkung mit psychischen Zwängen zu, dies, obschon das Gericht drei Sätze vorher selbst konzedierte, dass man auch der Meinung sein könne, der Gemeinderat bezeuge mit dem Anbringen des Kruzifixes nicht eine konfessionelle Intention, sondern ein gewisses Verständnis für religiöse Sachverhalte und für die christliche Kultur (was auch der Bundesrat am 29. Juni 1988 zur Grundlage seines Entscheides genommen hatte).

g) Nicht die reale, feststellbare Wirkung eines an der Wand eines Schulzimmers hängenden Kruzifixes beschäftigt das Bundesgericht, sondern die rein theoretische potentielle Möglichkeit einer negativen Auswirkung auf den Bereich der Glaubens- und Gewissensfreiheit. Denn das Gericht führt alsdann aus: «Es ist auch nicht ausgeschlossen, dass einige Personen [welche?] sich in ihren religiösen Überzeugungen verletzt fühlen, wenn in der Schule dauernd ein Symbol einer Religion gegenwärtig ist, der sie nicht angehören. Das kann nicht unbedeutende Auswirkungen haben, vor allem auf die geistige Entwicklung der Schüler und auf ihre religiösen Überzeugungen – die diejenigen der Eltern sind –, und zu denen sie anderseits zur gleichen Zeit in der Schule erzogen werden, Folgen, die Art. 27 Abs. BV gerade vermeiden will.» Nachdem vorerst vom Kruzifix als einem in der abendländischen Kultur verwendeten «Symbol des Christentums» die Rede war (zu Beginn von Erw. 7 lit. b), verwandelt sich nun dieses Symbol unvermittelt, ohne weitere Begründung, in ein konfessionelles Symbol, dem nicht mehr die Funktion eines Zeichens für christliche Werte, sondern offenbar jene der Werbung für eine bestimmte – hier die katholische – Konfession zukommt. Eine Begründung hiefür wird, wie gesagt, nicht einmal versucht. Sie liesse sich auch nicht finden, wenn man sich vor Augen hält, wie in allen traditionell katholischen Gegenden, somit gerade auch im Kanton Tessin, Kruzifixe in zahllosen andern öffentlichen profanen Gebäuden und an ungezählten öffentlichen Plätzen und Orten aufgestellt oder angebracht sind und als traditionelle Elemente der bildhaften, seit Jahrhunderten katholisch geprägten Kultur auf die christlichen Werte verweisen. Wie kann dieses allgegenwärtige Zeichen in der Schule auf einmal eine besondere konfessionelle Werbebedeutung erhalten? Eine solche Betrachtungsweise bewegt sich weit entfernt von der konkreten Lebenswelt von Schülern und Eltern im Tessin und in andern traditionell katholischen Gegenden der Schweiz und europäischer Länder. Begreifen Richter denn nicht, wenn sie sogar von – offenbar negativ zu bewertenden – «nicht unbedeutenden Auswirkungen auf die geistige Entwicklung der Schüler und auf ihre religiösen Überzeugungen» reden, dass eine solche Sprechweise für die Bewohner dieser Gegenden einen geradezu verletzenden Ton anschlägt, der die Eigenart der kulturellen Ausprägung katholischer Gegenden geringschätzt und ihre kulturelle Identität missachtet? Wenn man sodann den konkreten Gegenstand der Rechtsfindung – die Präsenz eines Kruzifixes in Schulzimmern – in den auch vom Bundesgericht dargestellten weitern Zusammenhang stellt, wo überall Hinweise auf die christlichen Traditionen unseres Landes in Verfassung und Gesetzen täglich sichtbar sind (Erw. 5 d), und wenn man beachtet, dass eine «christliche Grundlage» des Unterrichtes zulässig ist, dass auch Geistliche oder Mitglieder religiöser Kongregationen ordentlichen Unterricht erteilen dürfen (Erw. 6 b), die doch im Schulalltag unverkennbar als Vertreter einer Konfession erscheinen und in der Regel am Revers ein Kreuzzeichen tragen, und dass Lehrpersonen unterrichten dürfen, die am Hals ein kleines Kreuzzeichen tragen als Schmuck und stilles Bekenntnis zugleich, so entfernt sich die Schlussfolgerung des Bundesgerichtes, die Gegenwart eines Kruzifixes in den Schulzimmern sei mit der Glaubens- und Gewissensfreiheit nicht vereinbar, sehr weit vom verifizierbaren Realgehalt dieses Symbols. Sie bekommt, gewiss ungewollt, einen geradezu diskriminatorischen Charakter.

h) Hier ist es angebracht, sich daran zu erinnern, dass der Streit über das Anbringen der Kruzifixe faktisch von Lehrer Bernasconi ausgelöst worden ist; die andern Personen, die mit ihm zusammen die Beschwerde beim Staatsrat eingereicht hatten, haben sich über die Präsenz von Kruzifixen in allen Jahren der Schulgeschichte von Cadro nie beklagt. Und während 13 Jahren, während deren Bernasconi an der Primarschule in Cadro unterrichtete, hat ihn die Gegenwart der Kruzifixe nicht gestört. Schon daraus hätte sich, würde das Bundesgericht seine Aufmerksamkeit dem zugrundeliegenden Sachverhalt zugewandt haben, unschwer der Schluss ziehen lassen, dass, wenn überhaupt, von einer ernsthaften, ins Gewicht fallenden Beeinträchtigung der Freiheit des Glaubens bzw. der atheistischen Weltanschauung des Lehres Bernasconi keine Rede sein konnte. Dagegen lassen sein seit September 1984 an den Tag gelegtes Verhalten und seine führende Rolle bei der Tessiner Sektion der Schweizerischen Freidenkervereinigung die Vermutung aufkommen, dass er seine atheistische Weltanschauung missionarisch verstand und auf einmal christliche Zeichen in christlicher Umgebung nicht nur nicht mehr tolerierte, sondern bekämpfte. Missionarischer Attitüde, und sei es auch seitens eines «Freidenkers», Verfassungsschutz zu gewähren und diesen Schutz zugleich dem religiös-geprägten kulturellen Selbstverständnis der christlichen Einwohner Cadros zu entziehen verkehrt die verfassungsmässige Gewährleistung der Glaubens- und Gewissensfreiheit doch wohl in ihr Gegenteil.

i) Abschliessend hält das Bundesgericht fest, dass seine Erwägungen praktisch mit jenen zusammenfallen, die den Supreme Court der Vereinigten Staaten von Amerika dazu geführt hätten, das Anbringen der Zehn Gebote in den Schulzimmern im Widerspruch zur Glaubensfreiheit, die im I. Amendment der Verfassung garantiert ist, zu erklären. Diese letzte Erwägung des Bundesgerichtes ist höchst erstaunlich. Sie steht im Gegensatz zu seiner in Erw. 5 d zu Recht vorgebrachten Erkenntnis, dass das Verständnis einer absoluten Neutralität die «gegenwärtige Ordnung der Beziehungen zwischen Kirche und Staat in den Kantonen in Frage stellen» würde. Diese Ordnung aber ist wesentlich anderer Art als jene in den USA, die infolge ihrer spezifischen Geschichte das Gebot der religiösen Neutralität des Staates in gewissen Hinsichten strikter verstehen und anwenden als die meisten europäischen Staaten.
In den USA hat die strikte Trennung von Staat und Kirche ihren Grund gerade nicht in laizistischen, gar antiklerikalen Orientierungen, «vielmehr im Willen frommer Bürger, deren Vorfahren in die neue Welt nicht zuletzt in der Absicht ausgewandert waren, als religiöse Dissidenten endlich den Bedrückungen der europäischen Staatskirchentümer zu entkommen». «Und es ist erwiesen, dass die religiös motivierte Trennung von Staat und Kirche mit einer aus europäischer Perspektive überraschenden Säkularisierungsresistenz des gesellschaftlichen Lebens korreliert» (Lübbe 3).
Sollte dieser «leading case» des Supreme Court der USA aus dem Jahre 1980 das Bundesgericht bei seiner Rechtsfindung im Falle

Cadro massgeblich geleitet haben, so hat es sich damit auf ein Gleis begeben, das mit den Wegen des kontinentaleuropäischen Systems der Beziehungen von Kirche und Staat nicht konform verläuft. Das Anbringen der Zehn Gebote Gottes in einem Schulzimmer – ein religiöses Dokument, dem alle monotheistischen Religionen zustimmen – wäre hierzulande mit der Glaubens- und Gewissensfreiheit kaum in Widerstreit geraten.

k) In der Erwägung 7 c fasst das Bundesgericht seine Erwägungen in den Schluss zusammen, dass das Anbringen des Kruzifixes «in den Klassenzimmern der Primarschule» dem Erfordernis der in Art. 27 Abs. 3 BV vorgesehenen Neutralität nicht genüge. In dieser strikten Formulierung würde das Urteil weit über den Fall Cadro hinausgreifen und die vielen Tausende von Schulzimmern erfassen, die in den mehrheitlich katholischen Kantonen und Gegenden Kreuze und Kruzifixe an den Wänden tragen. Dies aber würde die Kompetenz des Bundesgerichtes, das nichts anderes als eine Einzelfallentscheidung gefällt hat, masslos überschreiten. Also wird man den bundesgerichtlichen Entscheid trotz der unbedacht ausdehnenden Formulierung auf den Fall Cadro eingrenzen dürfen.

l) Wenn dann das Bundesgericht zu guter Letzt in Erw. 7 c Al. 2 hinzufügt, dass das Urteil «vielleicht» anders hätte ausfallen müssen, wenn Kruzifixe in Schulräumen für den allgemeinen Gebrauch, wie zum Beispiel in der Vorhalle, in den Gängen oder in der Kantine oder natürlich in einem allfällig für den Gottesdienst vorgesehenen Raum oder in einem Zimmer, in dem der freiwillige Religionsunterricht erteilt wird, angebracht gewesen wären, so ist man angesichts der harten doktrinären Linie, welche die Haupterwägung des Gerichtes kennzeichnet, nicht wenig erstaunt, denn nichts lässt dort darauf schliessen, dass ein Spielraum für flexible Lösungen möglich sei, die sogar vor dem Supreme Court der USA standhalten könnten ... Eine einfache Rückfrage nach Cadro hätte übrigens ergeben, dass der freiwillige Religionsunterricht in allen Schulzimmern erteilt wird! Es hält auch schwer, einsichtig zu machen, dass wirklich ein wesentlicher Unterschied bestehen könnte zwischen Schulzimmern einerseits und Schulräumen für den allgemeinen Gebrauch anderseits. Auch in dieser Passage der Erwägungen wird die Lücke in der Gedankenführung erneut erkennbar. Es fehlt eine empirische Darstellung der realen Wirkung des Symbols auf die Primarschüler von Cadro. Zugleich scheint hier zwischen den Zeilen eine Unsicherheit darüber hindurchzuschimmern, ob die recht abrupte, auf der theoretischen Ebene gezogene Schlussfolgerung der Unvereinbarkeit eines religiös geprägten Zeichens mit der Glaubens- und Gewissensfreiheit und mit dem Gebot einer konfessionell neutralen Schule den tatsächlichen Gegebenheiten gerecht werden konnte.

5. Würdigung

Es erscheint höchst bedauerlich, dass die von der gesetzlichen Ordnung vorgesehene Kompetenz des Bundesrates zur Entscheidung über diesen «schulpolitischen Konflikt» von der Bundesversammlung in einem unvertretbaren Willkürakt negiert worden ist. Wie der Entscheid des Bundesrates vom 29. Juni 1988 zeigt, eignete der politischen Behörde die bessere Sachkompetenz, die präzisere Kenntnis der Schulwirklichkeit und das sicherere Gespür für unterschiedliche kulturelle Ausdrucksformen in unserem «multikulturellen» Land als dem Bundesgericht, das wesentliche Elemente für eine sachgerechte Urteilsfindung nicht in das Blickfeld zog. Dem Urteil fehlt schon in formaler Hinsicht die Kohärenz der Gedankenführung, und in der zur Entscheidung führenden Erw. 7 ereignen sich seltsame Gedankensprünge von der grundsätzlichen Ebene zu nicht konkret erwiesenen, nur potentiellen Möglichkeiten der Beeinträchtigung der nur negativ verstandenen Religionsfreiheit. Einen schalen Eindruck hinterlässt auch die Tatsache, dass das Gericht das neuere Verständnis einer positiv zu verstehenden Religionsfreiheit keines Blickes würdigte und daher auch keinen Versuch unternahm, zwischen negativer und positiver Religionsfreiheit zu vermitteln und einen Ausgleich im Sinne allseitiger Toleranz ins Auge zu fassen. Dass sodann jede Abklärung über die konkrete Ausgangslage und über die reale – nicht bloss theoretische – Wirkung der Kruzifixe in den Schulzimmern unterlassen wurde, stellt eine bedenkliche Lücke in der Urteilsfindung dar. Dem Urteil fehlt somit die überzeugende Stringenz. Es ist kaum zu verkennen, dass nach Vornahme konkreter Abklärungen und bei Kenntnis des umgreifenden kulturellen Kontexts die Urteilsfindung einen andern Verlauf genommen hätte. Dass das Bundesgericht ohne «wirkliche Not», fast blindlings, die kulturelle Eigenart eines Landesteils verkannte und die gerade für Fälle solcher Art so bedeutsame relative Autonomie der kommunalen Schulhoheit missachtete, legt unwillkürlich die Vermutung nahe, es handle sich um einen der Logik und den Tatsachen widerstreitenden «Kurzschluss», der vielleicht auf den Missmut zurückzuführen ist, der beim Bundesgericht in einfühlbarer Weise deswegen entstand, weil ihm die Bundesversammlung den Fall zu Unrecht zur Behandlung zuschob. Jedenfalls eignet sich BGE 116 I a Nr. 41, S. 252ff., nicht als «leading case». Dass auch kein kritischer Seitenblick auf die Frage des faktischen und rechtlichen Schutzbedürfnisses des Lehrers Bernasconi und eines entsprechenden «Entscheidungszwanges» fiel, erweist sich ebenfalls als Mangel; der Darstellung des Verfahrensverlaufs in EuGRZ 1991, S. 91, ist immerhin zu entnehmen, dass das BGer in einem Entscheid vom 13. Januar 1982 i. S. B. gegen den Staatsrat des Kantons Freiburg erkannt hat, dass einem Lehrer das Recht nicht zustehe, den verfassungsmässigen Schutz nach Art. 27 Abs. 3 BV in Anspruch zu nehmen.

IV. Das Urteil des Ersten Senats des deutschen Bundesverfassungsgerichtes vom 16. Mai 1995

BVerfGE 93, S. 1–37. Ebenfalls veröffentlicht in NJW 1995, S. 2477ff.; JZ 1995, S. 942 ff., und EuGRZ 1995, S. 359ff.).
Hier wird das Urteil nach dem Umdruck (amtliche Ausfertigung) zitiert.

1. Sachverhalt

a) Am 21. Juni 1983 hat das Bayerische Staatsministerium für Unterricht und Kultus, gestützt auf das Bayerische Gesetz über das Erziehungs- und Unterrichtswesen, in der Form einer Rechtsverordnung eine Schulordnung für die Volksschulen in Bayern (Volksschulordnung - VSO) erlassen, deren § 13 Abs. 1 wie folgt lautet:

> «Die Schule unterstützt die Erziehungsberechtigten bei der religiösen Erziehung der Kinder. Schulgebet, Schulgottesdienst und Schulandacht sind Möglichkeiten dieser Unterstützung. In jedem Klassenzimmer ist ein Kreuz anzubringen. Lehrer und Schüler sind verpflichtet, die religiösen Empfindungen aller zu achten.»

Entsprechend dieser Vorschrift wurden in den Klassenzimmern der Schule Fischbach im Landkreis Schwandorf, in der drei Kinder des Ehepaares Ernst und Renate Seler die Volksschule besuchten, seitlich oder frontal Kreuze angebracht, teils mit, teils ohne Korpus; in einem Klassenzimmer befand sich im Spätsommer 1986, als das erste der drei Kinder eingeschult wurde, an der Stirnwand des Schulzimmers ein Kruzifix mit einer Gesamthöhe von 80 cm mit einem 60 cm hohen Korpus.

b) Die Eltern Seler erklärten sich als Anhänger der anthroposophischen Weltanschauung nach der Lehre Rudolf Steiners und erzogen ihre Kinder im Sinne dieser Überzeugung. Sie lehnten es ab, dass ihre Kinder im Rahmen ihres Schulbesuchs der Präsenz von Kruzifixen ausgesetzt würden. Die Schulleitung kam dem Einsprecher Seler entgegen, ersetzte das Kruzifix mit einem einfachen Holzkreuz, und als auch dies die Zustimmung Selers nicht fand, wurde ein Kreuz seitlich über der Tür angebracht. Nach der Einschulung der weiteren Kinder und bei den anschliessenden Klassen- und Schulwechseln wurde diese Kompromisslösung jeweils für die entsprechenden Klassenzimmer praktiziert, nicht jedoch, wie Seler es verlangte, auch für die übrigen Schulräume. Seler erreichte die weitergehende Handhabung des Kompromisses dadurch, dass er seine Kinder wiederholt nicht zum Unterricht schickte, was ein Bussgeldverfahren und amtliche Zwangsmassnahmen zur Folge hatte. Schliesslich war der Landkreis Schwandorf bereit, die Kosten für den Besuch einer Waldorfschule zu übernehmen (Schulgeld, Umzugskosten, Wohngeld); doch kam dieser Kompromiss nicht zustande (entnommen den Angaben des ortskundigen Hans Holzhaider im Dokumentationsband, S. 320, sowie den Erwägungen des Bayerischen Verwaltungsgerichtshofes I/1; sie stehen teilweise in Widerspruch zur Sachverhaltsdarstellung im BVerfGE Erw. A I/2). Diese für die Grundschule in Fischbach eingeführte Lösung wurde auch von der Hauptschule in Nittenau, in welche die älteste Tochter offenbar im Schuljahr 1990/91 eintrat, übernommen, während, wie in Fischbach, die Kruzifixe in den übrigen Räumen (z. B. für Fachunterricht) hängen blieben; eine weitere Ausnahme wurde auf Selers Beschwerde hin konzediert, indem in jenem Schulzimmer, wo Ethikunterricht erteilt wurde, die Lehrerin mit Rücksicht auf dieses eine Kind Seler das Kruzifix jeweils abnahm (a. a. O., S. 322).

Da aber die Schulbehörde das weitergehende Begehren, die Kruzifixe auch aus den Fachräumen der Hauptschule Nittenau zu entfernen, ablehnte, erhoben die Eheleute Seler am 8. Februar 1991 vor dem Verwaltungsgericht Regensburg Klage gegen den Freistaat Bayern mit dem Ziel, dass aus sämtlichen von ihren Kindern im Rahmen ihres Schulbesuches aufgesuchten und noch aufzusuchenden Räumen in öffentlichen Schulen die Kreuze entfernt würden. Zugleich beantragten sie den Erlass einer einstweiligen Anordnung bis zum Abschluss des Klageverfahrens; dieser Antrag zielte auf die Entfernung von Kruzifixen.

c) Es ist nicht irrelevant, die Aufmerksamkeit auch der Persönlichkeit des Klägers zu schenken. Ernst Seler, evangelisch getauft, ist 1984 mit seiner Familie in einen unweit von Fischbach gelegenen Weiler zugezogen. Er, der heute 45 Jahre alt ist, war Frührentner. Er hatte als Friedhofgärtner gearbeitet und war auf der Suche nach einer Arbeit, «die mir innen und aussen die Seele erfüllt». Beim Sozialamt erklärte er, er sei «hellsichtig» und er habe Umgang mit geistigen Wesen. Beim bayerischen Kultusministerium finden sich Briefe, in denen er sich als Inkarnation eines Tibeters erklärt. Nach dem Zuzug hatte er anfänglich sonntags den katholischen Gottesdienst besucht, sprach mit dem Ortspfarrer über religiöse Dinge und erwog eine Zeitlang, in die katholische Kirche einzutreten (vgl. Auskünfte Hans Holzhaider im Dokumentationsband, S. 320, sowie Angaben des bayerischen Kultusministeriums a. a. O., S. 28). Seler war nicht Mitglied der Anthroposophischen Gesellschaft. Der Grad seiner Vertiefung in diese Weltanschauung ist ungeklärt. Hans Jürg Bader, der juristische Berater der (anthroposophischen) Freien Waldorfschulen, erklärt zu dem durch den BVerfGE behandelten Fall: «Das Kreuz spielt in der Anthroposophie eine ebenso wichtige Rolle wie in den andern christlichen Bekenntnissen ... Deshalb ist es um so bedauerlicher, wenn durch die Entscheidung des Bundesverfassungsgerichts ein Graben aufgerissen werden sollte, der keinen sachlichen Hintergrund hat. Es ist nicht anders zu erklären, als dass die Beschwerdeführer, die nicht Mitglied der Anthroposophischen Gesellschaft sind, einem tiefgreifenden, rational nicht nachvollziehbaren Missverständnis über die Anthroposophie erlegen sind.» («Rheinischer Merkur», Nr. 33 vom 18. August 1995, wiedergegeben in der Schrift «Schule ohne Kreuz?», S. 14, Anm. 8.)

2. Der nicht ganz normale Verfahrensverlauf

a) Das Verwaltungsgericht Regensburg, an das die Eheleute Seler am 8. Februar 1991 mit der Klage gegen den Freistaat Bayern gelangt waren, befasste sich mit dem mit der Klage verbundenen Antrag einer einstweiligen Anordnung, die, wie erwähnt, dahin zielte, bis zum Abschluss des Klageverfahrens seien die in den von den Kindern besuchten und noch zu besuchenden Schulräumen (Klassenzimmer und Fachräume) angebrachten *Kruzifixe* zu entfernen. Es kam in diesem Eilverfahren mit Entscheid vom *1. März 1991* zum Schluss, dass der massgebliche § 13 Abs. 1 Satz 3 VSO zu Recht bestehe und zu höherrangigem Recht nicht in Widerspruch stehe. Die Grundrechte der Kinder (Art. 2 Abs. 1, Art. 4 Abs. 1 GG) und das Erziehungsrecht der Eltern (Art. 6 Abs. 2 GG) würden durch die in den Unterrichtsräumen angebrachten Kreuze nicht verletzt. Den Antrag wies es daher ab. Die Erwägungen hiezu finden sich im Dokumentationsband, S. 113–115, Beschluss, S. 6–8). Gegen diesen Beschluss reichten die Eheleute Seler und ihre Kinder beim Bayerischen Verwaltungsgerichtshof Beschwerde ein.

b) Der Bayerische Verwaltungsgerichtshof fasste im Rahmen dieses Eilverfahrens am *3. Juni 1991* Beschluss und wies in einlässlicher Begründung die Beschwerde zurück. Er hielt vorerst dafür, ein Grund zur einstweiligen Anordnung liege nicht vor; angesichts der vom staatlichen Schulamt Schwandorf signalisierten Kompromissbereitschaft wäre es Selers Sache, in einer möglichst vertrauensvollen Zusammenarbeit mit der Schule eine für ihn zumutbare Übergangslösung bis zur rechtskräftigen Entscheidung im Hauptsacheverfahren zu suchen. Darüber hinaus sei aber der Anspruch selbst nicht glaubhaft gemacht, so dass dem Antrag auch unter Beachtung des Gebotes eines effektiven Rechtsschutzes und unter Berücksichtigung der Interessen der Antragsteller und ihrer Abwägung mit dem öffentlichen Interesse nicht stattgegeben werden könne. Für diese Abwägung sei in erster Linie entscheidend, ob die Antragsteller mit einem Erfolg im Hauptsacheverfahren rechnen könnten; das sei indessen nicht der Fall. Die – die Hauptsache vorläufig vorwegnehmenden – Erwägungen finden sich in II/2 a–d des Beschlusses (wiedergegeben im Dokumentationsband, S. 125–134).

c) Die Eheleute Seler und die drei Kinder reichten darauf am 12. Juli 1991 beim Bundesverfassungsgericht in Karlsruhe gegen die im Eilverfahren getroffenen Beschlüsse des Bayerischen Verwaltungsgerichtshofes vom 3. Juni 1991 und des Bayerischen Verwaltungsgerichtes Regensburg vom 1. März 1991 Verfassungsbeschwerde ein. Sie rügten eine Verletzung ihrer Grundrechte gestützt auf GG Art. 4 Abs. 1 (Glaubens- und Bekenntnisfreiheit), Art. 6 Abs. 2 (Erziehungsrecht der Eltern), Art. 2 Abs. 1 (freie Entfaltung der Persönlichkeit) und Art. 19 Abs. 4 (Rechtsschutzgarantie) sowie eine Verletzung der dem Staat obliegenden Verpflichtung zu religiöser Neutralität. Mittelbar richtete sich die Verfassungsbeschwerde gegen § 13 Abs. 1 Satz 3 der bayerischen Volksschulordnung vom 21. Juni 1983. Zugleich mit der Verfassungsbeschwerde beantragten die Beschwerdeführer eine einstweilige Anordnung. Diesen Antrag lehnte das Bundesverfassungsgericht mit Beschluss vom 5. November 1991 (BVerfGE 85, 94) ohne Sachprüfung ab. Bei der Abwägung wurde beachtet, das die tatsächliche Beeinträchtigung der Beschwerdeführer durch den konzedierten Kompromiss – Ersetzen der Kruzifixe in den Klassenzimmern durch Kreuze an weniger auffälliger Stelle – erheblich gemildert erscheine. Zur Sache selber bemerkte das Verfassungsgericht, zu klären sei insbesondere, ob und unter welchen Umständen die Verwendung religiöser Symbole in einer Schule die negative Religionsfreiheit berühre und inwieweit sie von der Minderheit hinzunehmen sei, weil sie der positiven Religionsfreiheit der Mehrheit Rechnung tragen solle.

d) Im Rahmen des Verfassungsbeschwerdeverfahrens lud das Bundesverfassungsgericht am 30. Juli 1991 den Landeskirchenrat der Evangelisch-Lutherischen Kirche in Bayern ein, zur Verfassungsbeschwerde Stellung zu nehmen. Das Landeskirchenamt beauftragte hierauf das *kirchenrechtliche Institut der Evangelischen Kirche in Deutschland* mit einer gutachtlichen Stellungnahme, die der Äusserung des Landeskirchenrates zugrunde gelegt werden könne. Prof. Dr. Axel Freiherr von Campenhausen, der Leiter dieses Institutes, erstattete das Gutachten zuhanden des Landeskirchenrates am 1. Juli 1992. Er kam zum Schluss, die Verfassungsbeschwerde sei unbegründet. Das Gutachten ist im BVerfGE in Erw. A/III/3, S.15f., resümierend zusammengefasst und im Dokumentationsband, S.135–154, in extenso publiziert. Ebenso wurde die Deutsche Bischofskonferenz zur Stellungnahme eingeladen. Diese legte ein Gutachten vom 20. Juli 1992 des *Institutes für Staatskirchenrecht der Diözesen Deutschlands* vor. Der Direktor des Institutes, Professor Dr. Joseph Listl, hielt darin die Verfassungsbeschwerde für unbegründet. Das Gutachten ist im Dokumentationsband, S. 155–175, publiziert und im BVerfGE in Erw. A III/2, S. 13f., resümiert.

Dem Bundesverfassungsgericht lag sodann eine Stellungnahme des bayerischen Ministerpräsidenten vor, der u. a. erklärte, § 13 Abs. 1 Satz 3 VSO sei Ausfluss des in Art. 135 Satz 2 der bayerischen Verfassung enthaltenen und vom Bundesverfassungsgericht für verfassungsmässig erachteten (BVerfGE 41, 65) Gebots, dass die Schüler an den bayerischen Volksschulen nach den Grundsätzen der christlichen Bekenntnisse zu unterrichten und zu erziehen seien. Darunter seien die Werte und Normen zu verstehen, die – vom Christentum massgeblich geprägt – auch weitgehend zum Gemeingut des abendländischen Kulturkreises geworden seien. Mit der Anbringung von Schulkreuzen erziehe die bayerische Volksschule nach ebendiesen Grundsätzen, ohne hierbei in theologische Fragen einzugreifen. Eine missionarische Werbung durch das Kreuz finde im allgemeinen Unterricht nicht statt (Zusammenfassung im BVerfGE Erw. A III/1). Die Verfassungsbeschwerde sei daher unbegründet.
Darüber hinaus haben sich die Humanistische Union e. V., der Bund für Geistesfreiheit Augsburg und die Freireligiöse Landesgemeinschaft Hessen zum vorliegenden Verfahren geäussert und u. a. gutachtliche Stellungnahmen verschiedener Autoren vorgelegt, die die Auffassung der Beschwerdeführer unterstützen. Ob diese Verbände vom Gericht zu Stellungnahmen eingeladen worden sind, lässt sich dem Urteil nicht entnehmen (BVerfGE A III/4).

e) Obgleich sich die Verfassungsbeschwerde gegen Beschlüsse im Eilverfahren richtete, nahm sich das Bundesverfassungsgericht Zeit. Im Zeitpunkt, als es seinen Entscheid fällte (d. h. am 16. Mai 1995), hatten die beschwerdeführenden Kinder die Grundschule schon verlassen.
Inzwischen hatte das Verwaltungsgericht Regensburg die Klage im Hauptsacheverfahren abgewiesen. Dieses Verfahren war nunmehr beim Bayerischen Verwaltungsgerichtshof hängig (BVerfGE lit. D).

f) Im Rahmen der Vorfrage nach der Zulässigkeit der Verfassungsbeschwerde (Erw. lit. B) führte das BVerfG unter Hinweis auf § 90 Abs. 2 Satz 2 des Gesetzes über das Bundesverfassungsgericht vom 12. 3. 1951 (BVerfGG) sozusagen eventualiter aus, dass hier vom Erfordernis der Rechtswegerschöpfung habe abgesehen werden können, da die Beschwerdeführer eine Verletzung von Art. 19 Abs. 4 GG, begangen durch die Verweigerung vorläufigen Rechtsschutzes, und damit eine speziell das Eilverfahren betreffende Grundrechtsrüge erhoben hätten. Hinsichtlich der andern (materiellrechtlichen) Grundrechtsrügen bedürfe es keiner weiteren tatsächlichen oder «einfachrechtlichen» Klärung. Vom Hauptsacheverfahren sei kein zusätzlicher Ertrag zu erwarten. Auch sei es den Beschwerdeführern «angesichts der fortschreitenden Zeit und des Fortgangs der Schulausbildung» nicht zumutbar, auf den Abschluss des Hauptsacheverfahrens verwiesen zu werden. Es fügt hinzu, für die Zulässigkeit der Verfassungsbeschwerde komme es nicht darauf an, ob die beschwerdeführenden Kinder noch die Volksschule besuchen. Das BVerfG ist somit, obschon das Hauptsacheverfahren erst beim Bayerischen Verwaltungsgerichtshof hängig war, durch seinen prinzipiellen Beschluss dem Hauptsacheverfahren sozusagen vorausgeeilt und hat den normalen Ablauf von Eilverfahren und Hauptsacheverfahren um eine Station verkürzt. Dem auswärtigen Verfasser dieser Studie, der die deutsche Rechtspraxis nicht kennt, stellt sich naturgemäss die Frage, ob diese anormale Gestaltung des Verfahrensablaufes bewährter Praxis des Gerichts entspricht.

3. Das Urteil vom 16. Mai 1995

a) Der Erste Senat des Bundesverfassungsgerichts, bestehend aus 8 Richtern und Richterinnen, erliess am 16. Mai 1995 folgenden Entscheid:

1. § 13 Abs. 1 Satz 3 der Schulordnung für die Volksschulen in Bayern ist mit Art. 4 Abs. 1 des GG unvereinbar und nichtig.

2. Der Beschluss des Bayerischen Verwaltungsgerichtshofes vom 3. Juni 1991 und der Beschluss des Bayerischen Verwaltungsgerichts Regensburg vom 1. März 1991 verletzen die Beschwerdeführer 1 + 2 (d. h. die Eltern Seler) in ihren Grundrechten aus Art. 4 Abs. 1 in Verbindung mit Art. 6 Abs. 2 Satz 1 GG und die Beschwerdeführer 1–3 (d. h. die drei Kinder Seler) in ihren Grundrechten aus Art. 4 Abs. 1 GG.
Der Beschluss des Verwaltungsgerichtshofes verletzt die Beschwerdeführer ausserdem in ihren Grundrechten aus Art. 19 Abs. 4 GG.

Die Entscheidungen werden aufgehoben. Die Sache wird an den Verwaltungsgerichtshof zurückverwiesen.

3. Der Freistaat Bayern hat den Beschwerdeführern ihre notwendigen Auslagen zu erstatten.

Dieser Entscheid wurde am 10. August 1995 in einer Presseverlautbarung des Bundesverfassungsgerichtes der Öffentlichkeit bekanntgegeben.

b) Diesem Beschluss waren folgende zwei Leitsätze vorangestellt:

> «1. Die Anbringung eines Kreuzes oder Kruzifixes in den Unterrichtsräumen einer staatlichen Pflichtschule, die keine Bekenntnisschule ist, verstösst gegen Art. 4 Abs. 1 GG.
> 2. § 13 Abs. 1 Satz 3 der Schulordnung für die Volksschulen in Bayern ist mit Art. 4 Abs. 1 GG unvereinbar und nichtig.»

c) Die Richter Seidl und Söllner und die Richterin Haas vertreten im Anhang zum Urteil ihre abweichende Meinung. § 13 Abs. 1 Satz 3 der bayerischen Volksschulordnung verstosse nicht gegen das Grundgesetz, und die beiden angegriffenen verwaltungsgerichtlichen Entscheidungen verletzten die Grundrechte aus Art. 4 Abs. 1 in Verbindung mit Art. 6 Abs. 2 Satz 1 GG nicht.

d) Der Vorsitzende des Ersten Senats, Vizepräsident Henschel, korrigierte später, unter dem Eindruck der öffentlichen Kritik am Urteil, den ersten Leitsatz wie folgt:

> «1. Die *staatlich angeordnete* Anbringung eines Kreuzes oder Kruzifixes in den Unterrichtsräumen einer staatlichen Pflichtschule, die keine Bekenntnisschule ist, verstösst gegen Art. 4 Abs. 1 GG.»

4. Die Erwägungen des Bundesverfassungsgerichtes mit begleitendem Kommentar

(zitiert gemäss der amtlichen Ausfertigung des Urteils in der lit. C I und II, S. 18–33)

a) Zu I: «Verweigerung des vorläufigen Rechtsschutzes» beziehungsweise «Verneinung eines Anordnungsgrundes für das Eilverfahren»

Das Bundesverfassungsgericht erkennt vorerst, der Bayerische Verwaltungsgerichtshof habe dadurch, dass er den für den Erlass der (von den Beschwerdeführern anbegehrten) einstweiligen Anordnung erforderlichen Anordnungsgrund verneinte, Art. 19 Abs. 4 GG verletzt. Dazu sind zwei Anmerkungen angezeigt:

1. Das Bundesverfassungsgericht selbst hat am 5. November 1991, einige Monate nach Einreichung von Selers Verfassungsbeschwerde, einen ähnlichen Antrag auf einstweilige Anordnung, wie er den beiden Vorinstanzen vorlag, abgelehnt (siehe oben 2 c). Und alsdann verstrichen 3½ Jahre, bis das Verfassungsgericht die Beschwerde, die sich auf Entscheide im Eilverfahren bezog, guthiess. Bei solchem Ablauf erscheint die Rüge gegenüber dem Verwaltungsgerichtshof – der seinerseits den ihm im Eilverfahren unterbreiteten Antrag innert etwa 2 Monaten behandelt hatte –, er habe nicht hinreichend berücksichtigt, dass wegen des zeitlichen Voranschreitens auf einen Schulabschluss hin gerichtlicher Rechtsschutz besonders eilbedürftig sei, nicht einsichtig.

2. Wenn sodann das Verfassungsgericht ausführt, es wäre Sache des Verwaltungsgerichtshofes gewesen, auszuloten, ob die Schulverwaltung bereit sei, durch eine Zusage auf die Linie der Kompromisslösung eine einstweilige Anordnung entbehrlich zu machen, so setzt es sich – abgesehen von der Ungewöhnlichkeit von Vergleichsverhandlungen im Rahmen eines einstweiligen Rechtsschutzverfahrens – in Gegensatz zu seinem eigenen «vorauseilenden» Sachentscheid, wonach das Anbringen von Kreuzen gemäss § 13 Abs. 1 Satz 3 VSO mit Art. 4 Abs. 1 GG schlechthin nicht vereinbar und nichtig sei; diese materiellrechtliche Entscheidung lässt ja für Kompromisslösungen überhaupt keinen Raum. Was aber die Modalitäten der in Fischbach und Nittenau praktizierten Kompromisslösungen betrifft, so bestehen

– nicht ausreichend geklärte – Differenzen in den Angaben des Verfassungsgerichtes und des Verwaltungsgerichtshofes und der ortskundigen Kenner des Sachverhaltes. Bei den Beschwerdeführern auf ein «zunächst auf Streitvermeidung ausgerichtetes Verhalten» zu schliessen, das dem «einer vernünftigen Partei entspreche», widerspricht dem objektiven Ablauf der Ereignisse und den feststellbaren subjektiven Gegebenheiten.
Mit einleuchtenden Gründen weist denn auch die von der Senatsmehrheit abweichende Meinung der *Richterin Haas* darauf hin, dass der Verwaltungsgerichtshof bei der Prüfung der Voraussetzungen eines «Anordnungsgrundes» zutreffend darauf abgestellt habe, ob den Beschwerdeführern bei Nichterlass einer einstweiligen Anordnung ein unzumutbarer und irreparabler Nachteil entstünde; und bei der Beurteilung dieser Frage dürfe der Dauer des ertragenen Zustandes (im Zeitpunkt, als sich der Verwaltungsgerichtshof und das BVerfG mit dem Antrag auf eine einstweilige Anordnung befassten, waren es 5 Jahre, beim Bundesverfassungsgericht kamen bis zum abschliessenden Entscheid weitere 4 Jahre hinzu) durchaus die Bedeutung eines Indizes für den geringen Grad des Nachteils zukommen. Und diesen geringen Grad des Nachteils und damit den Verzicht auf eine einstweilige Anordnung habe der Verwaltungsgerichtshof auch mit Rücksicht auf den den Beschwerdeführern zustehenden ausreichenden Freiraum elterlicher Erziehung annehmen dürfen.
Zurück bleibt der Eindruck, dass das Bundesverfassungsgericht mit bessern Gründen zum Schluss hätte kommen können, der Bayerische Verwaltungsgerichtshof habe den Antrag auf Erlass einer einstweiligen Anordnung zu Recht abgelehnt – so, wie es ja selber am 7. November 1991 den Rechtsschutz im Eilverfahren abgelehnt hatte. Die aus Art. 19 Abs. 4 GG hergeleitete, das Eilverfahren betreffende Verletzung von Grundrechten erweist sich, wie leicht ersichtlich ist, als nicht ausreichend begründet. Ohne die überwältigende Dominanz eines überdehnten Verständnisses der negativen Glaubens- und Bekenntnisfreiheit wäre diese «Vorfrage» gewiss anders entschieden worden.

b) *Zu II: «Verletzung der Grundrechte aus Art. 4 Abs. 1 in Verbindung mit Art. 6 Abs. 2 Satz 1 GG»*

Diesem in den Ziff. 1–3 ausgefalteten Kernstück der Gründe der Verfassungsrichter sind drei Vorbemerkungen vorauszuschicken:

1. Die Beschwerdeführer haben weit weniger anbegehrt, als das BVerfG in seinem Rechtsspruch festlegte: In der Hauptsache verlangten sie, dass aus sämtlichen von ihren Kindern im Rahmen ihres Schulbesuches aufgesuchten und noch aufzusuchenden Räumen in öffentlichen Schulen, d. h. praktisch in den Schulhäusern Fischbach und Nittenau im Landkreis Schwandorf, die Kreuze entfernt würden; damit haben sie den Rahmen ihrer Beschwerde abgesteckt. Ihr Antrag auf Erlass einer einstweiligen Anordnung zielte nur auf die lokale Entfernung von Kruzifixen. Der Rechtsspruch aber weitete sich zu einer den ganzen Freistaat Bayern betreffenden Aufhebung von § 13 Abs. 1 Satz 3 VSO aus und erklärte damit das Hängen von Kreuzen in Klassenzimmern in allen Schulen Bayerns für verfassungswidrig. Die faktische Inadäquanz zwischen einem individuellen lokalen Rechtsstreit und der verfügten generellen richterlichen Intervention in einen im ganzen Bundesland Bayern verbreiteten und schon seit sehr langem bestehenden Zustand ist offensichtlich; ob der Ausgriff über den Beschwerdeantrag hinaus prozessual unausweichlich war, vermag der ausländische Verfasser dieser Studie nicht zu erkennen.

2. Nicht das erstmalige Anbringen von Kreuzen, sondern das *Belassen* der schon immer in den Schulräumen hängenden Zeichen bildete Anlass und Gegenstand des vorliegenden Streites. Die Ausstattung von Schulräumen und anderer öffentlicher Räume mit Kreuzen entspricht in Bayern einer sehr alten Tradition; sie ist Teil des kulturellen Selbstverständnisses. In Kenntnis des Brauchtums in katholischen Landen lässt sich mit praktischer Sicherheit sagen, dass Kreuze und Kruzifixe in den öffentlichen Schulen Bayerns – mit oder ohne staatliche Anordnung – schon seit jener Zeit hingen, seit Unterricht in Schulräumen erteilt worden ist. (Ein Einbruch geschah unter der nationalsozialistischen Herrschaft, die aus ideologischen Gründen die Entfernung der Kreuze aus den Schulzimmern verfügte.) Nicht nur seit Jahrzehnten besteht dieser Brauch. Er geht ins 19. Jahrhundert zurück, als der Staat Schulen errichtete. Der verfassungsrichterliche

Rechtsspruch läuft mithin auf einen Angriff gegen einen bisher unangefochtenen Rechtsbestand und gegen ein hochgeschätztes Kulturgut der bayerischen Bevölkerung hinaus.
Es besteht Grund zur Annahme, dass sich die Mehrheit der Verfassungsrichter dieses jahrhundertealten kulturellen Kontextes nicht bewusst war und, geleitet von der abstrakten, radikal zugespitzten Idee der religiös-weltanschaulichen Neutralität, in ein dichtgewobenes kulturelles Netz eindrang, ohne die sozialen Realitäten und die Wirkungen ihres Entscheides, insbesondere für den religiösen Frieden, zu beachten.

3. Für die Rechtsfindung, vor allem auf der Verfassungsstufe, ist es notwendig, in abstrakt formulierten Grundsätzen den Rahmen der Geltung der Verfassungsnormen und des Zusammenspiels unterschiedlicher Normen und der von ihnen geschützten Rechtsgüter abzustecken. Das hat das BVerfG in I/1 fast durchwegs in zustimmungswürdiger Weise getan. Auf die Phase der Darstellung der Grundsätze folgt jedoch die praktische Anwendung. Und hier spielt die gründliche, unvoreingenommene Kenntnis der relevanten Fakten eine massgebliche Rolle. So sind die historischen und kulturellen Gegebenheiten im Lande Bayern und das Faktum, dass die bayerische Volksschule eine christliche Gemeinschaftsschule ist, deren Verfassungsmässigkeit das BVerfG in 41, 65 (66 und 79ff.) in differenzierender Weise festgestellt hat, höchst bedeutsame Tatbestände, die zu den für die Rechtsfindung relevanten Realien gehören und nicht nur nebenbei erwähnt werden dürfen. Diese zweite, entscheidende Phase der Urteilsfindung hat nun aber das BVerfG nicht nur vernachlässigt, sondern verfehlt.

c) Zu II/1, S. 21–23: Umschreibung der Glaubensfreiheit i. S. des Art. 4 Abs. 1 GG

Resumé: *Das BVerfG hält dafür, dass die angefochtenen Entscheide die Glaubensfreiheit i. S. des Art. 4 Abs. 1 GG verletzen. Es umschreibt den Gehalt dieses Grundrechtes wie folgt: Die Entscheidung für oder gegen einen Glauben sei Sache des einzelnen, nicht des Staates. Der Staat dürfe ihm einen Glauben oder eine Religion weder vorschreiben noch verbieten. Zur Glaubensfreiheit gehöre nicht nur die Frei-*

heit, einen Glauben zu haben, sondern auch die Freiheit, nach den eigenen Glaubensüberzeugungen zu leben und zu handeln. Insbesondere gewährleiste die Glaubensfreiheit die Teilnahme an kultischen Handlungen, die ein Glaube vorschreibe oder in denen er Ausdruck finde. Dem entspreche umgekehrt die Freiheit, kultischen Handlungen eines nicht geteilten Glaubens fernzubleiben. Diese Freiheit beziehe sich ebenfalls auf die Symbole, in denen ein Glaube oder eine Religion sich darstelle. Art. 4 Abs. 1 GG beschränke sich allerdings nicht darauf, «dem Staat eine Einmischung in die Glaubensüberzeugungen, -handlungen und -darstellungen einzelner oder religiöser Gemeinschaften zu verwehren». Er «erlegt ihm vielmehr auch die Pflicht auf, ihnen einen Betätigungsraum zu sichern, in dem sich die Persönlichkeit auf religiös-weltanschaulichem Gebiet entfalten könne», und sie vor Angriffen und Behinderungen zu schützen. «Art. 4 Abs. 1 GG verleiht dem einzelnen oder den religiösen Gemeinschaften aber grundsätzlich keinen Anspruch darauf, ihrer Glaubensüberzeugung mit staatlicher Unterstützung Ausdruck zu verleihen.»

Wie erwähnt, eignen sich die in dieser Erwägung aus der Rechtsprechung des BVerfG zusammengetragenen Grundsätze fast durchwegs als Grundlage für eine sachgerechte Rechtsfindung. Nicht zustimmungswürdig ist dagegen der Umstand, dass das Gericht – in Vorwegnahme einer erst noch zu leistenden Beweisführung – das Anbringen von religiösen Symbolen in direkte Beziehung bringt zur Freiheit, an kultischen Handlungen teilzunehmen oder fernzubleiben, so, als ob die Präsenz eines religiösen Symbols schon eine kultische Handlung wäre. Und anstatt sich vorerst auf der Ebene der Tatsachenwahrnehmung in die reiche Welt religiöser und insbesondere christlicher Symbole mit ihrer überaus grossen Spannweite an möglichen Sinngehalten und Deutungen näher einzulassen, verengt sich der Blick von vornherein auf eine doktrinäre Umschreibung der Symbole, «in denen ein Glaube oder eine Religion sich darstellt». Und ein weiteres Mal wird diese Blickverengung offensichtlich, wenn das Gericht von einer vom Staat geschaffenen Lage spricht, «in der der einzelne ohne Ausweichmöglichkeiten dem Einfluss eines bestimmten Glaubens, den Handlungen, in denen sich dieser manifestiert, und den Symbolen, in denen er sich darstellt, ausgesetzt ist». Dass zwischen einer sichtbaren und hörbaren Betätigung des Glaubens oder einer kultischen Handlung einerseits und der Sichtbarkeit eines religiösen Symbols (das in einem öffentlichen Raum angebracht ist) anderseits ein wesentlicher Unterschied bestehen könnte, tritt schon gar nicht ins Blickfeld, obschon sowohl die interpretationsbedürftige Aussage jedes Symbols wie die von ihm ausgehende faktische Wirkung eine reiche Palette von möglichen Sachverhalten eröffnet, die sich der Eindeutigkeit einer authentischen Glaubensbetätigung oder einer kultischen Handlung entzieht. In der gleichen «Fallrichtung» der Gleichstellung von Betätigung einer Glaubensüberzeugung mit der Präsenz von Kreuzen steht auch der Satz, dass einzelne (oder religiöse Gemeinschaften) keinen Anspruch darauf erheben könnten, «ihrer Glaubensüberzeugung mit staatlicher Unterstützung Ausdruck zu verleihen».

Es wird hier sichtbar, dass das Gericht eine Frage des erst noch zu untersuchenden Tatbestandes nicht nur verdrängt, sondern – in einer eigentümlichen Vermischung der Ebenen der Rechtsgrundsätze mit der Ebene der abklärungsbedürftigen Tatsachen – ein tatsächliches Element (d. h. die Aussageweisen eines Symbols und seine möglichen realen Wirkungen) in unzulässiger Weise in der Form einer vorweggenommenen Reduktion der möglichen Sinngehalte in einen Rechtsgrundsatz transformiert. Dieses Vorgehen führt unweigerlich zu einem klassischen Vor-Urteil im doppelten Sinn des Wortes.

Diese Blickverengung wird erneut im Schlusssatz der Erw. II/1 erkennbar, in dem die Rede davon ist, dass die Eltern berechtigt seien, ihre Kinder vor «Glaubensüberzeugungen fernzuhalten, die ihnen falsch oder schädlich erscheinen» – sofern damit insinuiert wird (was sich aus dem Kontext ergibt), auch Symbole seien «Glaubensüberzeugungen».

Ein relativierender Vorbehalt gegenüber einem der «Grundsätze» ist sodann angebracht. Aus der Glaubensfreiheit des Art. 4 Abs. 1 GG folgt, so führt das Gericht aus, der Grundsatz der Neutralität des Staates gegenüber den unterschiedlichen Religionen und Bekenntnissen. Wird dieser Satz als absolutes Rechtsprinzip gehandhabt, so stellt er sich eindeutig in Gegensatz zu Art. 135 der bayerischen Verfassung und zu bedeutenden Präjudizien des BVerfG: In den beiden, am 17. Dezember 1975 zur Eigenart christlicher Gemeinschaftsschulen getroffenen Entscheidungen (zur badischen Gemeinschaftsschule BVerfGE 41 Nr. 3, S. 29ff., zur bayerischen Gemeinschaftsschule

BVerfGE 41 Nr. 4, S. 65ff.) hatte das Bundesverfassungsgericht ausdrücklich erklärt, dass zwar nicht «Glaubensinhalte der christlichen Bekenntnisse» Unterricht und Erziehung bestimmen dürfen, dass aber eine christlich bestimmte Orientierungsbasis, der Komplex von Werten und Normen, die vom Christentum massgeblich geprägt und weitgehend zum Gemeingut des abendländischen Kulturkreises geworden sind, als Grundlage gelten dürfen, vorausgesetzt, dass dabei das Toleranzgebot beachtet werde. Insoweit erweist sich die «Bejahung des Christentums» als durchaus kompatibel mit dem Gebot religiös-weltanschaulicher Neutralität des Staates. Eine rigide Handhabung des Neutralitätsgebotes aber würde zu einem laizistischen Staat führen, in dem nicht bloss die Kirchen, sondern die Daseinsmacht «Religion» überhaupt ausgesperrt wären – ein System, das dem deutschen Grundgesetz wie übrigens auch der schweizerischen Bundesverfassung und den Kantonsverfassungen fremd ist.

d) Zu II/2 a–c, S. 23–28, dem Hauptpunkt der Erwägungen: «Verletzung der Glaubensfreiheit durch § 13 Abs. 1 Satz 3 der bayerischen Volksschulordnung»

Resumé: *Kreuze (mit und ohne Korpus) in Unterrichtsräumen führten dazu, dass die Schüler während des Unterrichtes «von Staats wegen und ohne Ausweichmöglichkeit mit diesem Symbol konfrontiert seien und gezwungen würden, ‹unter dem Kreuz› zu lernen». Die Wirkung sei noch grösser als diejenige in Gerichtssälen (mit einem den Entscheid verfremdend-verkürzenden Hinweis auf BVerfGE 35, S. 366ff.), (lit. a). Das Kreuz sei «Symbol einer bestimmten religiösen Überzeugung und nicht etwa nur Ausdruck der vom Christentum mitgeprägten abendländischen Kultur». «Ein staatliches Bekenntnis zu diesen Glaubensinhalten, dem auch Dritte bei Kontakten mit dem Staat ausgesetzt würden, berühre die Religionsfreiheit.» Das Kreuz gehöre nach wie vor zu den spezifischen Glaubenssymbolen des Christentums; es sei geradezu sein Glaubenssymbol schlechthin, und für den Mitchristen oder den Atheisten sei es Symbol der «missionarischen Ausbreitung» bestimmter Glaubensüberzeugungen. Unter Hinweis auf das Stichwort «Kreuz» im Lexikon für Theologie und Kirche und im evangelischen Kirchenlexikon versinnbilde es «die im Opfertod Christi vollzogene Erlösung des Menschen von der Erb-*

schuld, zugleich aber auch den Sieg Christi über Satan und Tod und seine Herrschaft über die Welt, Leiden und Triumph in einem». Es wäre eine dem Selbstverständnis des Christentums und der christlichen Kirchen zuwiderlaufende Profanisierung des Kreuzes, wenn man es als blossen Ausdruck abendländischer Tradition oder als kultisches Zeichen ohne spezifischen Glaubensbezug ansehen wollte (lit. b). Zwar sei richtig, dass mit der Anbringung des Kreuzes in Klassenzimmern kein Zwang zur Identifikation oder zu bestimmten Ehrbezeugungen und Verhaltensweisen einhergehe. Im Zusammenhang mit der der Schule aufgetragenen Persönlichkeitsentwicklung habe jedoch das Kreuz «appellativen Charakter und weise die von ihm symbolisierten Glaubensinhalte als vorbildhaft und befolgungswürdig aus» (lit. c).

Es ist bemerkenswert, mit welcher Pertinenz das BVerfG das vorne beschriebene Vor-Urteil einer Identität zwischen Glaubensüberzeugung und kultischer Handlung einerseits und der Präsenz eines Kreuzes-Symbols in einem Schulzimmer anderseits durchhält. Die sich sogleich aufdrängenden Fragen, deren Beantwortung Voraussetzung wäre zu sachgerechter Rechtsfindung, werden nicht nur nicht gestellt, sondern offensichtlich nicht einmal erkannt: Was ist objektiv ein Symbol, und welches ist seine spezifische Wirkweise (im Unterschied zur bezeichneten Sache selbst)? Welchen Interpretationen gibt das wortlose, aber bildhafte Kreuzes-Zeichen zwanglos Raum? Von welchen Intentionen lässt sich jene Behörde leiten, die das Kreuzes-Symbol in einem Schulzimmer anbringt? Wie wird das Kreuzes-Symbol subjektiv vom durchschnittlichen Betrachter verstanden? Drängt sich jene Interpretation, die das Gericht in das Zeichen hineinliest, gebieterisch auf, oder sind nicht auch andere Erklärungen ebensogut möglich? Vorausgesetzt, der Betrachter sei ein «durchschnittlich» toleranter Mensch ohne absonderliche seelische Grundverfassung, erweist sich die stille Präsenz eines an der Wand hängenden Kreuzes als ernsthafte, nachvollziehbare subjektive Beschwer? Wenn dieser Betrachter das Vorhandensein einer Beschwer behauptet: Ist diese Behauptung ausreichend begründet, plausibel und konkret fassbar? Statt vorerst diesen konkreten Fragen nachzugehen, begibt sich das Gericht unvermittelt auf die doktrinäre Ebene: Was das Kreuzes-Symbol besagt, wird – ausschliesslich und ungeachtet des Standortes und der Lebens-

welt, in der es steht – aus zwei theologischen Lexika herausgeholt; aus dem als Beleg zitierten (katholischen) Lexikon für Theologie und Kirche und dem Evangelischen Kirchenlexikon, in denen zwar die zitierte theologische Aussage sehr wohl stehen könnte, in Wirklichkeit aber in dieser Form dort nicht zu finden ist, wie auch aus der Theologischen Realenzyklopädie hätte das Gericht über die weite Herkunft, über die breite Palette der Sinngehalte und über die Vielzahl von Kreuzes-Zeichen im Laufe der Geschichte allerdings erhellende und die eigene Eingleisigkeit relativierende Auskünfte beziehen können. Und wenn sich das Gericht in die unabsehbare theologische Literatur hätte vertiefen wollen – was freilich nicht seine Aufgabe war –, so wäre es im «Handbuch theologischer Grundbegriffe» unter «Symbol» (Sp. 606ff.) auf einschlägige differenzierende Aussagen gestossen: «Die das Symbol konstituierende Relation kommt dem Ding nicht aus ihm selbst zu, sondern aus der Zutat des Menschen ...» «Der Sinn solchen Ausdrucks ist auf Grund des Sichtbaren allein nicht einsichtig, sondern erst in Verbindung mit einer zugrundeliegenden Glaubenserfahrung, die sich im Wort, welches das ‹Ding› interpretiert, aussagt ... Die neutestamentlichen Symbole bleiben ohne das verkündigende und darin interpretative Wort der glaubenden Gemeinde nicht nur unverständlich, sondern auch rudimentär. Das gleiche ‹Symbol-Ding› kann je nach seinem ‹Bezugszusammenhang› (B. Welte) anderes bezeichnen ...»
Das BVerfG hat mit dem ausgesprochen doktrinären Vorgehen, mit dem es eine knappe «theologia crucis» formuliert und diese mit dem Kreuzes-Zeichen identisch setzt, die vielschichtige Wirklichkeit des Kreuzes-Symbols in einer Weise verengt, dass es sich den Zugang zur umgreifenden kulturellen Realität in der katholisch geprägten Lebenswelt selbst versperrte. Natürlich versinnbildlicht das Kreuzes-Symbol im kirchlichen Kultus für den gläubigen Christen Opfertod, Erlösung und Auferstehung Christi; das ist im unmittelbaren Glaubens- und Kultusbereich der Kerngehalt des Symbols. Aber weshalb will das Gericht so gewaltsam aus dem Blickfeld verdrängen, dass die überaus zahlreichen Kreuze, die ausserhalb des kultischen und sakralen Bereichs, im weiten profanen Gebiet – und insbesondere auch in staatlichen Einrichtungen und gestützt auf staatliche Anordnungen –, aufgestellt sind oder seit langer Zeit hängen, auf christliche Werte und auf die transzendente Welt der Religion insgesamt ver-

weisen, ohne hier die für den christlichen Glauben zentrale Offenbarungswahrheit von Christi Tod und Auferstehung thematisieren und darstellen zu wollen? Weshalb will das Gericht nicht zulassen, dass das Kreuzes-Symbol Raum lässt für zahllose, immer noch religiös geprägte Interpretationen, die – bewusst oder unbewusst – bei einzelnen Interpreten zehren mögen vom innersten Glaubensgeheimnis, ohne dieses selbst zum Thema zu machen? Solches geschieht in unterschiedlichsten Variationen, so wenn etwa erklärt wird, das Kreuzes-Symbol könne Zeichen sein für Menschlichkeit, Solidarität und Hingabe, Opferbereitschaft und Versöhnung (Bischof Karl Lehmann) oder, von anderer Warte her, das Kreuz spende als Ursymbol Wärme, Licht, Leben, Befreiung, Geborgenheit, Einheit und Vielheit, Überwindung jeglicher Spaltung (Alfons Rosenberg)? In der Tat birgt das Kreuzes-Symbol ein «unausschöpfbares Sinnpotential» (Josef Isensee), das sich nicht ausgerechnet dadurch, dass es an der Wand eines Schulzimmers hängt, auf die engste Glaubenssprache reduziert. Geradezu grotesk wirkt in diesem Zusammenhang die Bemerkung des Gerichtes: «Es wäre eine dem Selbstverständnis des Christentums und der christlichen Kirchen zuwiderlaufende Profanisierung des Kreuzes», wenn man es «als blossen Ausdruck abendländischer Tradition» oder als «kultisches Zeichen ohne spezifischen Glaubensbezug» (welche Contradictio in adjecto!) ansehen wollte (S. 27 oben); im gleichen Sinnzusammenhang steht der Satz, das Kreuz könne «nicht seines spezifischen Bezugs auf die Glaubensinhalte des Christentums entkleidet werden» (S. 32 Mitte). Mit Verlaub: Wie kommt das BVerfG dazu, ein extrem enges, dogmatisches Verständnis des Kreuzes-Symbols zur Grundlage des Urteils zu machen, andere Interpretationen, obschon sie greifbar vor Augen liegen und von den gutachtlichen Stellungnahmen beider Kirchen ausdrücklich namhaft gemacht worden sind, auszuschliessen, sich alsdann für die Reinhaltung des dogmatischen Symbolverständnisses einzusetzen – und sich damit wie ein Teilnehmer an einer innerkirchlichen Auseinandersetzung zu gerieren und für die «reine Lehre» Partei zu ergreifen? Das Gericht hat hier den aus der Glaubensfreiheit sich ergebenden Grundsatz, dass es dem Staat nicht zustehe, zu Fragen des Glaubens Stellung zu nehmen, ausser acht gelassen, indem es sich in bezug auf den religiösen Gehalt des Kreuzes-Symbols faktisch in eine Modalität des Glaubens und der nahen und entfernten Glaubensentfaltung unter

Christen einmischte und dabei die dogmatische Variante favorisierte. Die Vermutung liegt nahe, dass die geheime Triebfeder für dieses Vorgehen darin lag, dass die Senatsmehrheit das Kreuzes-Symbol und die zentrale Glaubensüberzeugung von Tod und Auferstehung Christi in eins setzte, um auf der abstrakten, nicht auf der lebensweltlichen Ebene plausibel darstellen zu können, die Präsenz des Kreuzes-Symbols verletze die Glaubensfreiheit, und sich damit die konkrete Beweisführung «vor Ort» und bei den betroffenen Personen zu ersparen.

Geht man davon aus, dass sich das Gericht zu Unrecht auf die engstmögliche dogmatische Interpretation und auf den strikten Ausschluss anderer, weitherziger Interpretationen des Kreuzes-Symbols festlegte, so fällt das von ihm errichtete Gedankengebäude in sich zusammen: Denn wenn das Kreuz in der Schulstube nicht einen Glaubenssatz darstellt, sondern auf christliche Werte und auf die transzendente Welt der christlichen Religion verweist, so steht dieses Symbol im Einklang mit der Zielsetzung der von der Verfassung zugelassenen christlichen Gemeinschaftsschule, und von einer realen Beeinträchtigung der Glaubensfreiheit der Kinder der Beschwerdeführer, die diese christliche Gemeinschaftsschule besuchten, und der Eltern Seler kann im Ernste nicht die Rede sein. Damit fallen aber auch die zahlreichen auf S. 24–28 des Urteils sich findenden dramatisch überspitzten und wirklichkeitsfernen Formulierungen als gegenstandslos dahin. Und als wirklichkeitsfremd und mit einer Neigung zur demagogischen Verfremdung ausgestattet erweist sich in diesem Zusammenhang der Satz, die Schüler würden durch die Präsenz eines Kreuzes gezwungen, «unter dem Kreuz zu lernen» (S. 24).

e) Zu II/3 der Erwägungen, S. 28–33: «Keine Rechtfertigung des Eingriffes in das Grundrecht»

Resumé: *Das Gericht geht nun davon aus, ein Eingriff in das Grundrecht der Glaubensfreiheit habe stattgefunden. Verfassungsrechtliche Gründe – und nur solche fallen in Betracht –, die den Eingriff zu rechtfertigen vermöchten, seien aber hier nicht vorhanden. Eine Rechtfertigung ergebe sich weder aus Art. 7 Abs. 1 GG (staatliche Schulhoheit) (lit. a) noch aus der positiven Glaubensfreiheit der Eltern und Schüler christlichen Glaubens (lit. b). Das BVerfG nimmt hier* *jenen der steten Praxis des BVerfG entsprechenden Grundsatz auf, der im Konflikt zwischen verschiedenen Grundrechtsträgern – vor allem im Widerstreit zwischen dem negativen und dem positiven Gehalt der Glaubensfreiheit – zu einem praktikablen, schonenden Ausgleich führen kann: den Grundsatz der «praktischen Konkordanz», der fordert, dass nicht eine der widerstreitenden Rechtspositionen bevorzugt und maximal behauptet wird, und der hier auch besagt, dass religiös-weltanschauliche «Bezüge» aus der Schule nicht einfach ausgeklammert werden können und dass sich «der einzelne im Rahmen der Schule nicht uneingeschränkt auf Art. 4 Abs. 1 GG berufen kann». Und das Gericht weist auf die Erkenntnisse des BVerfGE 41, S. 29ff., hin, wonach dem Gesetzgeber des Bundeslandes obliege, das unvermeidliche Spannungsverhältnis zwischen negativer und positiver Religionsfreiheit unter Berücksichtigung des Toleranzgebotes zu lösen, und dass er im öffentlichen Willensbildungsprozess einen für alle zumutbaren Kompromiss zu suchen habe.*

Das BVerfG formuliert in diesem Teil, entsprechend der bewährten Rechtsprechung, einige schöne, zustimmungswürdige Einsichten über die Lösung von «unvermeidlichen Spannungsverhältnissen in der pluralistischen Gesellschaft». In der Folge ist man dann aber in hohem Mass darüber verwundert, dass diese wichtigen, dem religiösen Frieden dienenden Grundsätze keine Umsetzung in die Rechtsfindung des Gerichts erfahren. Die Sperre gegen diesen gerade hier sich aufdrängenden Umsetzungsprozess hat sich das Gericht, wie erneut aus seiner Begründung auf S. 32 erhellt, selbst gelegt: Da in seiner Sicht das Kreuzes-Symbol praktisch identisch ist «mit dem Kern der christlichen Glaubensüberzeugung» und andere Aussageweisen, die mit dem profanen Bezugszusammenhang einleuchtend kompatibel wären, mit dogmatischer Starrheit ausgeschlossen werden, bleibt nur ein logischer Kurzschluss übrig, und für die Anwendung des Grundsatzes der Konkordanz bleibt kein Raum. Bei dieser Ausgangslage kann dem Gericht auch ein vorurteilsloser Blick auf die Lage der Kinder und Eltern christlichen Glaubens nicht gelingen: Obschon Kreuze in den Schulzimmern – in Übereinstimmung mit der den ganzen profanen Bereich umgreifenden religiös geprägten kulturellen Tradition – als Zeichen der Verbundenheit mit dem religiösen Bereich schon immer hingen, wird von Staats wegen ihre Entfernung gefordert. Die Empfindung der Kinder und Eltern christlichen Glaubens wird, um mit dem Gericht selbst zu sprechen, «völlig zurückgedrängt», und die Frage, ob der Einsprecher Seler an das Gebot der Toleranz erinnert werden sollte, tritt nicht in den Scheinwerfer des aufmerksamen Interesses. Und auf die Art. 131 Abs. 2, 135 und 136 Abs. 1 der bayerischen Verfassung wird überhaupt nicht mehr rekurriert, obschon sich dies angesichts der föderalen Verfassung und der Schulhoheit und Kulturhoheit der Bundesländer aufgedrängt hätte. Dass dann aber über diese einseitige Konfliktregelung hinaus die Unvereinbarkeit von § 13 Abs. 1 Satz 3 der bayerischen Volksschulordnung mit Art. 4 Abs. 1 GG statuiert und damit landesweit in das kulturelle Selbstverständnis eingegriffen und die schulpolitische Vielfalt beeinträchtigt wird, stösst sich, so scheint es, am ungeschriebenen Verfassungsgrundsatz der Verhältnismässigkeit allen staatlichen Handelns.

5. Würdigung

Mit der vorne (Ziff. 4) analysierten abstrakten und doktrinären, vom Lebenszusammenhang abgehobenen Gedankenlinie hat sich das BVerfG eine Binde um die Augen gelegt. Dies hat, gewiss ohne dass sich die Mehrheit des Ersten Senats dessen gewahr wurde, in dreifacher Hinsicht eine partielle Blindheit bewirkt:

1. Sie verunmöglichte, von der Ebene der abstrakten Rechtsgrundsätze her eine sachgerechte Beziehung zu den Realitäten herzustellen. Darüber hinaus hat die willkürliche Reduktion des breiten Spektrums der Sinngehalte des Kreuzes-Symbols schon die Verfertigung der Rechtsgrundsätze zu kontaminieren vermocht.

2. Ferner hat die beschriebene Vorgehensweise dazu geführt, dass das Gericht der Welt der historischen, soziologischen und volkskundlich-sozialen Tatsachen zu geringe Aufmerksamkeit zuwandte: Es verkannte den übergreifenden kulturellen Kontext einer katholisch geprägten Lebenswelt, die sich durch eine Fülle von religiös geprägten Zeichen und Bildern und Gestaltungen auszeichnet, in die auch die Volksschule eingebettet ist. Es gelang ihm nicht, der spezifischen bayerischen Schultradition, die im Gewand einer (verfassungskon-

formen) christlichen Gemeinschaftsschule vor ihm stand, gerecht zu werden und äussere «religiöse Bezüge» in Schulräumen, die es schon seit langer Zeit in natürlicher Symbiose mit dem umgebenden kulturellen Selbstverständnis gegeben hatte, als das zu erkennen, was sie in Wirklichkeit sind. Und sodann schloss das Gericht die Augen vor der zentralen Frage, ob die Präsenz des Kreuzes in Tat und Wahrheit eine reale Beschwer für Eltern und Kinder Seler bedeutete und welche Marge Toleranz unter allen Aspekten auch ihnen zuzumuten war.

3. Schliesslich hat die seltsame Fixierung auf die vermeintliche Identität zwischen Glauben und Symbol das Gericht daran gehindert, der föderalen Struktur der Bundesrepublik – vor allem im kulturellen und schulischen Bereich – Respekt zu bezeugen und im Blick auf das Ganze in Besonnenheit die zur Diskussion stehenden Rechtsgüter in ihren wahren Gewichten zu erkennen. Damit hängt auch zusammen, dass das Gericht das Konkordanzgebot und die Verpflichtung, bei Rechtsgüterkonflikten solcher Art den sachgerechten Ausgleich zu suchen, zwar zunächst zu erkennen schien, dann aber wirklich ohne zwingenden Grund missachtete. Die Folge dieser offensichtlich defizienten Methode der Rechtsgewinnung ist mit Händen zu greifen: Der religiöse Frieden wurde gefährdet, die kulturelle Identität der bayerischen Lebenswelt wurde verletzt, und die vom Grundgesetz (und den Präjudizien des BVerfG) gefestigte Balance zwischen dem säkularen Staat und dem gesellschaftlichen Bereich der Religion wurde ohne Not – vorübergehend, wie zu hoffen ist – erschüttert. Gemessen an den wohlabgewogenen Grundsatzentscheiden des BVerfG in staatskirchenrechtlichen Belangen erweist sich das hier besprochene Urteil als schmerzlicher Rückschritt.

6. Die Reaktion seitens der bayerischen Staatsregierung

Die bayerische Staatsregierung protestierte gegen das Urteil des Bundesverfassungsgerichtes. Sie anerkannte zwar dessen formale Verbindlichkeit, erkundete aber die genaue Tragweite. Sie holte zu diesem Zweck vom Münchner Staatsrechtler Prof. Dr. Peter Badura ein Rechtsgutachten über den Inhalt und die rechtliche Tragweite des BVerfGE vom 16. Mai 1995 ein. Der Begutachter stellte in seinem

ausführlichen Gutachten vom 4. September 1995 (publiziert im Dokumentationsband, S. 230–287) die grundsätzliche Bindungswirkung des Entscheides heraus und untersuchte sodann in einer strengen Analyse der Urteilserwägungen, worüber das Gericht (in verbindlicher Weise) entschieden und worüber es nicht entschieden hat. Er kam zum Schluss, dass eine Regelung über das Anbringen von Kreuzen in Schulzimmern vom bayerischen Gesetzgeber, also nicht auf Verordnungs-, sondern auf Gesetzesstufe, vorzunehmen sei und dass der eine Revision des Schulgesetzes auslösende BVerfGE den bayerischen Landtag nicht daran hindere, eine solche Regelung zu treffen, sofern das GG (einschliesslich der als bindend erkannten Rechtsauffassung des BVerfG) und die bayerische Verfassung beachtet würden. Dass allerdings eine juristische oder politische Kritik an den bindenden Passagen des Urteils durchaus zulässig sei, das betonte auch der Gutachter, in Übereinstimmung mit einer eindrücklichen Zahl von andern deutschen Staatsrechtslehrern, und er selbst wies in Teil III über die «Religionsfreiheit in der christlichen Gemeinschaftsschule» auf substantielle Mängel des Urteils hin.
Der Begutachter schlug eine gesetzliche Ausgleichsregelung vor für den Fall, dass ein Erziehungsberechtigter oder religionsmündiger Schüler die Präsenz von Kreuz oder Kruzifix in Schulzimmern in einer öffentlichen Schule Bayerns mit ernsthaften, einsehbaren (nicht rechtsmissbräuchlichen) Gründen der religiösen oder weltanschaulichen Überzeugung anficht. Ein Widerspruch allein gegen die Präsenz von Kreuz oder Kruzifix genüge nicht, da sonst eine nach allen Seiten hin angemessene Konfliktlösung durch Ausgleich der betroffenen Rechte und Verfassungsgüter gerade ausgeschlossen wäre. Grundsätzlich aber sei die staatlich angeordnete (oder geduldete) Anbringung des Kreuzes als Symbol des Christentums bundesverfassungsrechtlich zulässig und falle in das schulhoheitliche Organisationsrecht des Landes.

7. Änderung des Art. 7 des bayerischen Gesetzes über das Erziehungs- und Unterrichtswesen

Gestützt auf das erwähnte Gutachten Badura, das den Spielraum einer gesetzlichen Regelung aufzeigte, unterbreitete die bayerische

Staatsregierung dem Landtag ungesäumt einen Gesetzesentwurf zur Änderung des Art. 7 des bayerischen Gesetzes über das Erziehungs- und Unterrichtswesen. Zur Begründung führte sie an, dass das Kreuz in Klassenzimmern der staatlichen Volksschulen der geschichtlichen und kulturellen Prägung Bayerns Rechnung trage. Die bisherigen Regelungen, die weiterhin Geltung behalten, seien jedoch um Bestimmungen zu ergänzen, die das Spannungsverhältnis zwischen negativer und positiver Religionsfreiheit unter Berücksichtigung des Toleranzgebotes lösen sollen.
Der Bayerische Landtag hat am 13. Dezember 1995 dem Art. 7 des Gesetzes einen neuen Absatz 3 eingefügt; er hat folgenden Wortlaut:

> «1) Angesichts der geschichtlichen und kulturellen Prägung Bayerns wird in jedem Klassenraum ein Kreuz angebracht.
> 2) Damit kommt der Wille zum Ausdruck, die obersten Bildungsziele der Verfassung auf der Grundlage christlicher und abendländischer Werte unter Wahrung der Glaubensfreiheit zu verwirklichen.
> 3) Wird der Anbringung des Kreuzes aus ernsthaften und einsehbaren Gründen des Glaubens oder der Weltanschauung durch die Erziehungsberechtigten widersprochen, versucht der Schulleiter eine gütliche Einigung.
> 4) Gelingt eine Einigung nicht, hat er nach Unterrichtung des Schulamts für den Einzelfall eine Regelung zu treffen, welche die Glaubensfreiheit des Widersprechenden achtet und die religiösen und weltanschaulichen Überzeugungen aller in der Klasse Betroffenen zu einem gerechten Ausgleich bringt; dabei ist auch der Wille der Mehrheit soweit möglich zu berücksichtigen.»

(Bayerisches Gesetz- und Verordnungsblatt Nr. 30, 1995, S. 850) Diese Gesetzesänderung trat auf 1. Januar 1996 in Kraft.

V. Epilog

1. Kruzifix im Gerichtssaal – die Geschichte eines Präjudizes

Über die Frage der verfassungsmässigen Zulässigkeit der Präsenz von Kruzifixen in staatlichen Räumen gibt es ein gewichtiges Präjudiz des BVerfG vom 17. Juli 1973 (BVerfGE 35, S. 366f.). Das Schweizerische Bundesgericht erwähnt zwar dieses einschlägige Präjudiz mit keinem Wort; doch ist mit Händen zu greifen, dass es bei der Rechtsfindung hintergründig eine Rolle spielte. Und das Bundesverfassungsgericht führt auf S. 24 und 25 dieses eigene Präjudiz beiläufig an, ohne – in einer bemerkenswerten Selbstvergessenheit – auf den zur Beurteilung stehenden aussergewöhnlichen Sachverhalt, die ungewöhnlich zurückhaltenden Erwägungen und die zur Verallgemeinerung untaugliche Schlussfolgerung des Gerichtes aufmerksam zu machen. Herbert Plotke zitiert es im «Schweizerischen Schulrecht» (S. 164, Anm. 125), ohne den zugrundeliegenden Sachverhalt zu nennen. M. Borghi, Kommentar zur BV, in N 78 zu Art. 27 BV, seinerseits weist auf die Belegstelle bei Plotke und auf das (unveröffentlichte) Urteil des Tessiner Verwaltungsgerichtes vom 2. Mai 1985 im Falle Cadro hin, und das als Beleg zitierte Urteil des Tessiner Verwaltungsgerichts selbst begnügte sich – in voller Unkenntnis seines Aussagegehaltes – mit dem Hinweis auf Plotke und den dort erwähnten BVerfGE (vgl. vorne III/2 b). Da offenbar einzelne Richter dazu neigen, die Kunde von diesem Präjudiz BVerfGE 35 zu übernehmen, ohne seinen Inhalt näher zu besehen, erscheint es angezeigt, den diesem Entscheid zugrundeliegenden Sachverhalt darzustellen und die präjudiziellen Erwägungen zur Kenntnis zu bringen:
Vor dem Verwaltungsgericht Düsseldorf vertrat ein in London wohnender jüdischer Rechtsanwalt mit (früher deutscher) israelischer Staatsangehörigkeit eine jüdische Klägerin mit (früher deutscher) amerikanischer Staatsangehörigkeit in einem Lastenausgleichsverfahren mit Wiedergutmachungscharakter. Im Sitzungszimmer des

Verwaltungsgerichtes waren auf den Richtertischen Standkruzifixe von etwa 75 cm Höhe und rund 40 cm Spannweite so aufgestellt, dass die direkte Sichtverbindung der klageführenden Partei mit den Richtern beeinträchtigt war. Die Beschwerdeführer verlangten, dass das Gericht die mündliche Verhandlung in einem Sitzungssaal ohne Kruzifix ermögliche. Das Verwaltungsgericht lehnte das Begehren ab. Das BVerfG erkannte, dass diese Weigerung die Beschwerdeführer in ihrem Grundrecht aus Art. 4 Abs. 1 GG verletze. Den Erwägungen lässt sich, soweit sie für unseren Diskussionsgegenstand von Bedeutung sind, folgendes entnehmen: Das BVerfG enthielt sich einer Stellungnahme zur These der Beschwerdeführer, die Ausstattung von Gerichtssälen mit Kreuzen schaffe als solche objektivrechtlich einen verfassungswidrigen Zustand; eine Erörterung darüber würde, so führte das BVerfG an, neben rechts- und justizgeschichtlichen Untersuchungen ein Eingehen auf die verschiedenen Verhältnisse und Anschauungen in den einzelnen Landesteilen der Bundesrepublik erfordern – was indessen zum vorgelegenen Fall unverhältnismässig wäre, da er sich unter Berücksichtigung seiner besondern Gestaltung auch sonst lösen lasse. Das Gericht erkannte, die Beschwerdeführer hätten überzeugend dargelegt, dass für sie der Zwang zum «Verhandeln unter dem Kreuz» eine unzumutbare innere Belastung darstelle und ihnen daher eine Verhandlung in einem Gerichtssaal ohne Kreuz zu ermöglichen sei. Auf der generellen Linie, abgesehen von den besondern subjektiven Merkmalen des damals zu entscheidenden Falles, wies das BVerfG darauf hin, dass weite Kreise der Bevölkerung gegen das Anbringen von Kreuzen in Gerichtssälen nichts einzuwenden hätten und dass eine möglicherweise zutage tretende Identifikation mit spezifisch christlichen Anschauungen nicht derart sei, dass die Teilnahme von andersdenkenden Parteien in der Regel als unzumutbar empfunden werde, zumal die blosse Präsenz des Kreuzes weder eigene «Identifikation» noch ein irgendwie geartetes aktives Verhalten verlange.

Die Begründung dieses Urteils zeigt, dass sich Plotke – und in seinem Gefolge das Tessiner Verwaltungsgericht – zu Unrecht auf BVerfGE 35, S. 366ff., als Präjudiz für ihre These berufen, die Präsenz von Kreuzen in Schulzimmern verlasse die religiös-weltanschauliche Neutralität und ein nichtchristlicher Schüler (oder Lehrer) dürfe die Entfernung aus dem Schulzimmer verlangen. Einen Erkenntnisgewinn hätte ihnen die besonnene Einsicht des damals amtierenden BVerfG zu vermitteln vermocht, wonach die Entscheidung (über eine solche Frage) die Kenntnis der «verschiedenen Verhältnisse und Anschauungen in den einzelnen Landesteilen» erfordert hätte – eine praktische Überlegung, die geeignet gewesen wäre, rein abstrakte Gedankengänge in die lebensweltliche Realität zurückzuholen.

2. Gleichwertigkeit von negativer und positiver Religionsfreiheit

Während Art. 4 des deutschen Grundgesetzes sowohl die sogenannt negative wie die positive Form der Glaubensfreiheit umschreibt, visiert der Wortlaut von Art. 49 Abs. 2 der Schweizerischen Bundesverfassung, entsprechend kontinentaleuropäischer Tradition, in negativer Formel die abwehrende Natur dieses Freiheitsrechtes an; immerhin anerkannte das BGer in BGE 97 I, S. 221ff., dass der Glaubensfreiheit nebst der negativen auch eine positive Funktion zukomme (vgl. auch Häfelin im Kommentar zu Art. 49 BV N 6). Art. 9 der Europäischen Menschenrechtskonvention dagegen formuliert den weitestmöglichen Inhalt der Religionsfreiheit und artikuliert vornehmlich das Recht auf Glaubensbetätigung. Diese Bestimmung ist nun aber für alle Länder, die der EMRK beigetreten sind, verbindlich. Ihr entspricht die grundrechtliche Betrachtungsweise, die in Deutschland gilt und in der Schweiz mit zunehmender Tendenz vertreten wird.

Religionsfreiheit wird in der neueren Literatur in der Schweiz als Gesamtgrundrecht anerkannt, das alles von der Religion bestimmte Denken, Reden und Handeln in den Schutzbereich einbezieht (dazu generell unter dem Aspekt des konstitutiven Grundrechtsverständnisses J. P. Müller im Kommentar zur BV, Einleitung zu den Grundrechten RZ 22ff., P. Saladin, Grundrechte im Wandel, 1982, S. 20ff., J. P. Müller, Grundrechte der BV, 1991, S. 58). Peter Karlen, Religionsfreiheit, S. 228, Dieter Kraus, Schweiz. Staatskirchenrecht, 1993, S. 85ff., Ueli Friederich, Kirchen und Glaubensgemeinschaften im pluralistischen Staat, 1993, S. 297ff., ziehen diese Grundlinie aus zu einem offeneren, religionsfreundlichen Begriffsinhalt der Religionsfreiheit. Ihr objektiv-rechtlicher Gehalt trägt dem Staat auf, die Grundrechtsverwirklichung zu fördern und – u. a. – bei der Wahr-

nehmung sozialer und kulturstaatlicher Kompetenzen die religiösen Bedürfnisse einzubeziehen (Dieter Kraus, a. a. O., S. 107, Anm. 153, J. P. Müller im Kommentar zur BV, a. a. O., RZ 22, P. Saladin, a. a. O., S. 295): Die positive und die negative Seite der Religionsfreiheit sind darnach grundsätzlich als gleichwertig zu betrachten (P. Karlen, a. a. O., S. 223).
Die Rechtslage stellt sich auch in der Bundesrepublik Deutschland – jedenfalls nach der bisherigen Rechtsprechung des Bundesverfassungsgerichtes und nach dem im deutschen Staatskirchenrecht grossmehrheitlich erreichten Konsens – nicht anders dar. So führt Roman Herzog im Kommentar zu Art. 4 GG (hrg. von Maunz, Dürig, Herzog und Scholz) in RZ 84ff. aus: «Die Versuchung, aus der negativen Glaubensfreiheit ein Recht darauf herzuleiten, dass andere auf eine von ihnen gewünschte Religionsausübung verzichten müssen, geht im Ansatz fehl.» Und Axel Freiherr von Campenhausen legt im «Staatskirchenrecht», München, 1983[2], S. 61 (erneut bekräftigt, in Auseinandersetzung mit dem BVerfGE 93, in 1996[3], S. 76ff.), dar: «Die sogen. negative Religionsfreiheit ist nicht unbeschränkt. Die negative Komponente dieses Grundrechts reicht nicht weiter als die positive Religionsfreiheit, die beide den gleichen immanenten Schranken unterliegen. Deshalb kann unter Berufung auf die negative Religionsfreiheit nicht die positive religiöse Betätigung anderer unterbunden werden. Vielmehr gilt es, positive und negative Religionsfreiheit in ein Verhältnis praktischer Konkordanz zu bringen. Daraus folgt, dass die negative Religionsfreiheit grundsätzlich keinen Anspruch darauf verleiht, vom Staat vor Konfrontationen mit religiösen oder weltanschaulichen Fakten geschützt zu werden» (bestätigt in Hdb St Kirch R, 2. Aufl. Bd. I, Berlin 1994, S. 60ff., und Hdb StR, 1989, RZ 93–98, sowie von Joseph Listl, Hdb St Kirch R, S. 441ff.). Die beiden «Kruzifix-Urteile» bleiben hinter diesem in der Lehre und in der frühern Rechtspflege des BVerfG erreichten Grundrechtsstandard weit zurück. Die negative Religionsfreiheit stand, wie sich sowohl aus den Erwägungen und aus der Bewertung des Sachverhaltes wie aus den Beschlussesformeln ergibt, so sehr im Mittelpunkt der richterlichen Beachtung, dass die übergreifende grundrechtliche Betrachtungsweise nicht zum Zuge zu kommen vermochte. Zwar stellt die Präsenz von Kruzifixen in Schulräumen bzw. das entsprechende im Einvernehmen mit der grossen Mehrheit der christlichen

Eltern erfolgende Handeln der kommunalen Schulbehörde keine direkte Glaubensbezeugung dar. Aber das Anbringen dieses – in den Augen der meisten Eltern – religiös geprägten Zeichens der Verbundenheit mit der christlichen Religion und ihren erzieherischen Werten ist durchaus eine mit dem kulturellen und historischen Kontext vollkommen in Einklang stehende allgemeine religiöse Äusserung, die grundrechtlichen Schutz beanspruchen darf. Indem beide Gerichte sich einseitig über die behauptete – aber nicht konkret untersuchte – Beeinträchtigung der Glaubensfreiheit beugten und dem negativen Verständnis der Religionsfreiheit den exklusiven Vorrang gewährten, haben sie die ebenso gewichtige, gemüthaft verwurzelte religiöse Einstellung der grossen Mehrheit der christlichen Eltern und ihre Zustimmung zur Präsenz der Kreuze sowie ihre Sorge um die christliche Erziehung ihrer Kinder übersehen oder nicht in das Blickfeld ziehen wollen. Sie haben offenbar auch nicht zu ermessen vermocht, dass in beiden Fällen die gefällten Entscheidungen eine in langen Zeitläuften gewachsene religiös-kulturelle Ausdrucksweise zu zerstören geeignet sind. Dass aber in allen multikulturellen Gesellschaften von denjenigen Bürgern, die den historisch gewachsenen kulturellen Ausdrucksformen mit Befremden begegnen, jene Dosis Toleranz erwartet werden darf, die das – für sie – fremde Phänomen zumindest erträgt und nicht seine Beseitigung postuliert, gehört zu den selbstverständlichen Voraussetzungen, die das konfliktfreie, ja gar harmonische Zusammenleben von unterschiedlichen Kulturräumen gewährleisten. Hätten die beiden Gerichte diese Zusammenhänge erkannt und würden sie, im Einklang mit Art. 9 EMRK, negative und positive Religionsfreiheit als gleichwertig betrachtet haben, so hätten sie folgerichtig zu andern Schlussfolgerungen kommen müssen. Sie hätten insbesondere in liberaler Ausrichtung, aus der neueren grundrechtlichen Betrachtungsweise heraus, darnach gefragt, wie sich religiöse und weltanschauliche Überzeugungen auch innerhalb des säkularen Staates frei entfalten können.

3. Säkularer Staat und laizistischer Staat

In den beiden höchstrichterlichen «Kruzifix»-Entscheiden kristallisiert sich das Dilemma zwischen dem säkularen und dem laizistischen

Staat: Beide, der säkulare und der laizistische Staat, bekennen sich zur religiös-weltanschaulichen Neutralität, um einerseits den religiösen Frieden zu sichern und anderseits allen Bürgern gleich welchen Glaubens oder welcher Weltanschauung eine «Heimstatt» zu gewährleisten. Der moderne säkulare Staat aber ist grundsätzlich religionsfreundlich. Er toleriert nicht nur religiöse Bezüge in staatlichen Domänen, insbesondere im Bereich der Schule – dem sozialen Gebilde, das der Staat seiner organisatorischen und weitgehend inhaltlichen Gestaltung unterstellt hat und worin er seine erzieherische Verantwortung mit jener der Eltern teilt –, wo sich also Staatsaufgabe und bürgerliche Freiheit durchdringen (E. W. Böckenförde). Er begrüsst sie vielmehr. Der laizistische Staat seinerseits will ebendiese religiösen Bezüge aus allen seinen Gemarken verbannen und postuliert, dem ihm eigenen absoluten Verständnis der religiös-weltanschaulichen Neutralität entsprechend, völlig «wertneutrale», von der christlichen Herkunft abgekoppelte staatliche Zielsetzungen und Aktivitäten und folglich auch eine areligiöse Schule. Dass beide höchstrichterlichen Urteile – beabsichtigt oder unbeabsichtigt – eine laizistische Tendenz in sich bergen und dass sie darüber hinaus für die künftige Gestaltung des Verhältnisses zwischen der religiösen und der staatlichen Sphäre laizistische Signale aussenden können, ist mit Händen zu greifen. Damit aber stehen sie im Gegensatz zur heutigen Verfassungslage in der Bundesrepublik, wie sie sich u. a. in Art. 4 und 140 GG zeigt, und zur schweizerischen Rechtslage in Bund und Kantonen (vgl. vorne II/5 und 12). Nach der Beurteilung mehrerer deutscher Staatsrechtslehrer geht aber das neue Präjudiz des BVerfG in seinen Wirkungen weit über den Anlass hinaus. Ob dies auch auf den schweizerischen BGE zutrifft, ist infolge der disparaten, nicht kohärenten Begründung eher ungewiss.
Die laizistische Sichtweise hat offensichtlich ansteckende Wirkung: So haben sich denn auch die Beschwerdeführer aus dem bayerischen Landkreis Schwandorf flugs auf das Urteil des Schweizerischen Bundesgerichtes vom 26. September 1990 berufen. Vollkommen zu Unrecht fügt allerdings das BVerfG nicht in einem rapportierenden Konjunktiv, sondern in einem feststellenden Indikativsatz bei, das BGer habe einen Verstoss gegen Art. 9 EMRK und Art. 2 Abs. 2 des Zusatzprotokolls vom 20. März 1995 bejaht (Urteilserwägung A/II, Seite 11 Mitte); eine Konsultation der Urteilserwägungen des BGE

vom 26. September 1990 ergibt indessen, dass das BGer in der entscheidenden Erw. 7 den Art. 9 EMRK überhaupt nicht erwähnt. Die ansteckende laizistische Wirkung zeigt sich aber auch darin, dass das BVerfG die religionsfreundlichen Präjudizien zu den christlichen Gemeinschaftsschulen der Bundesländer Baden-Württemberg, Bayern und Nordrhein-Westfalen vom 17. Dezember 1975 (BVerfGE 41, 29ff., 65ff., 85ff.) und zur Zulässigkeit eines überkonfessionellen Schulgebetes vom 16. Oktober 1979 (BVerfGE 52, S. 223) in ihrer für den Streitgegenstand durchaus zentralen Bedeutung trotz der geflissentlichen Zitierung nicht ernstlich in die konkrete Rechtsfindung integrierte, wie es denn auch einen einschlägigen Entscheid des Oberverwaltungsgerichtes von Nordrhein-Westfalen in Münster vom 15. September 1993, der in differenzierter Darlegung die Zulässigkeit der Ausstattung von Klassenräumen mit Kreuzen bejahte – «solange die Schule Raum lässt für eine sachliche Auseinandersetzung in Offenheit auch für andere (nichtchristliche) religiös-weltanschauliche Überzeugungen» –, unbeachtet liess.
Mit solcher laizistischer Präferenz hat es insbesondere das BVerfG zumindest in Kauf genommen, im Vergleich zur bisherigen religionsoffenen Linie der Verfassungsrechtsprechung einen Kontinuitätsbruch einzuleiten und in eine laizistische Fahrrinne zu geraten, die zur bisherigen Verfassungsinterpretation quer verläuft, wie mehrere deutsche Staatsrechtslehrer konstatieren (Peter Badura, Ernst Benda, Axel von Campenhausen, Alexander Hollerbach, Peter Lerche, Christoph Link, Josef Isensee, Joseph Listl, Dietrich Pirson, Wolfgang Rüfner u. a.).

4. Christentum – Element der kulturellen Identität Europas

Es ist bemerkenswert, wie sehr die Mehrheit der Staatsrechtslehrer im 19. und in der ersten Hälfte dieses Jahrhunderts Einflüsse der Religion und der Kirchen auf die staatliche Domäne abzuwehren pflegten; die abwehrende Haltung ist in der schweizerischen Staatsrechtslehre, wenn auch in stark abgeschwächter Form – da und dort in der Form der Übernahme antiquierter Elemente –, noch heute anzutreffen, während in der Bundesrepublik Deutschland unter der Herrschaft des Grundgesetzes die grosse Mehrheit der Staatsrechtslehrer und die Staatskirchenrechtslehrer eine religions- und kirchenfreundliche Verfassungsinterpretation vertreten. Die Abwehrhaltung ist ein Kind der Aufklärung. Die historische Szenerie der Aufklärung hat sich jedoch vollständig verändert, und ihre Prognose, Religion werde in Bälde absterben, ist offensichtlich «falsifiziert». Zwar erleben die Kirchen im Gefolge revolutionärer gesellschaftlicher Veränderungen und der notwendigen von ihnen geforderten Anpassungsleistung zur Zeit einen sozialen Geltungsschwund. Aber die Sehnsucht nach Religion «treibt» die Menschen, die unter den Bedingungen der Modernität an geistig-seelischer «Heimatlosigkeit» leiden («Homeless Mind» nach Peter Berger), im strengen Sinn des Wortes «um», wenn auch viele die angebotenen Bahnen der verfassten Religion gegenwärtig nicht zu benützen scheinen. Die Menschen, die in Gesellschaft und Staat leben, sie alle, zehren indes von den Quellen des christlichen Glaubens.

Das Christentum insgesamt – im kirchlichen Kernbereich und in den zahllosen geistig-ethischen Wirkungen in der weiten Gesellschaft und selbst im Staat – ist nach wie vor ein prägender «zentraler Kulturfaktor» (Hans Waldenfels), an dem niemand vorbeikommt. Christentum sowohl als religiöse Bewegung wie in der verfassten Form als kirchliche Institution gehört zur geistigen, kulturellen, sozialen Identität Europas; ohne dieses Element wäre Europa nicht das, was es ist (Hermann Lübbe). Das Christentum ist aber nicht nur europäisches «Erbe». Es wird auch in Zukunft virulent sein und eine kulturelle, soziale und «politische» (die Prärogativen des Staates durchaus achtende) Kraft erster Güte bilden, die auch für den Staat in vielfacher Weise von grösstem Nutzen sein wird. Auf diese geistige Potenz in öffentlichen Räumen mit dem religiösen Symbol des Kreuzes hinzuweisen erweist sich als ebenso sinnvolle wie hilfreiche Geste.

5. Der säkulare Staat und die transzendenten Werte

«Gerade der moderne, weltanschaulich neutrale, säkulare und pluralistische Staat vermag den Bestand an Werten und Werthaltungen, die ihm zwar vorgegeben sind und von denen er leben können muss, selbst nicht mehr zu garantieren. Deshalb ist der Staat um seiner eigenen Existenz willen auf gesellschaftliche Gruppierungen wie die

Kirchen angewiesen, die die fundamentalen Werte, Normen und Rechte, die sich in der gesellschaftlichen Öffentlichkeit in einem verhängnisvollen Prozess der Erosion befinden, verkünden und schützen und die das religiöse und kulturelle Erbe wachhalten, aus dem auch der heutige Staat lebt.»

Das waren die vielbeachteten Worte von Kurt Koch, dem neuen Bischof von Basel, die er bei seinem Amtsantritt am 23. Februar 1996 an die Repräsentanten der Staatsgewalt richtete. Und zu den Vertretern der Regierungen der zehn Kantone gewendet, die das Gebiet der Diözese Basel bilden, fuhr Kurt Koch in seiner Ansprache anlässlich des Austausches der beidseitigen Loyalitätserklärung fort: «Gerade der säkulare und weltanschauungsneutrale Staat steht immer wieder in Gefahr, sich selbst zu verabsolutieren, die staatliche Macht zu vergotten und damit einem religiösen Selbstmissverständnis zu erliegen. Wird man dieser Gefahr ansichtig, leuchtet auch der unersetzbare Beitrag ein, den die Kirchen im Dienst am Staat zu erbringen haben. Dieser liegt genau darin, dass die Kirchen dem Staat und seinen Repräsentanten solche pseudoreligiösen Ansprüche verwehren und ihn vor der stets lauernden Versuchung zu religiösen Selbstmissverständnissen in Schutz nehmen ...» (Diese bedeutende Ansprache ist noch nicht gedruckt; sie liegt im Manuskript vor.)

Auf dem Hintergrund solcher übergreifender Zusammenhänge erweisen sich die beiden höchstrichterlichen Kruzifix-Entscheide nicht nur als unverständlich, sondern als abwegig. Denn Kreuze in profanen öffentlichen Räumen möchten gerade die Erinnerung daran wachhalten, dass der säkulare Staat auf Geltung und kontinuierliche Vermittlung der ihm vorgegebenen, vom Christentum stammenden und gehüteten transzendenten Werte angewiesen ist. Um so sinnvoller können Kreuze ihre stille Hinweisfunktion dort ausüben, wo Kinder und Jugendliche in der Periode ihrer Ausbildung und Erziehung eine lange Zeit ihres Lebens verbringen: in den Räumen öffentlicher Schulen, wo nicht nur Wissen, sondern auch Werte vermittelt werden.

Es bleibt die bedrängende Frage zurück, wie es geschehen konnte, dass Verfassungsrichter solche Zusammenhänge, die allerdings weit über den Horizont des reinen juristischen Handwerkes hinausreichen, nicht in Betracht gezogen haben.

VI. Die Urteile in ihrem Wortlaut

1. Entscheid des Schweizerischen Bundesgerichtes vom 26. September 1990 (in italienischer Sprache)

1P.675/1989

I CORTE DI DIRITTO PUBBLICO
****

Seduta del 26 settembre 1990

Presenti i giudici federali Egli, presidente, Antognini, Rouiller, Spühler e Aemisegger.
Cancelliere: Gianoni.

Visto il ricorso di diritto pubblico del 30 maggio 1986 proposto dal Comune di C a d r o, rappresentato dal Municipio e patrocinato dall'avv. dott. Emilio Catenazzi, Lugano, contro la decisione emanata il 2 maggio 1986 dal Tribunale cantonale amministrativo del Cantone Ticino nella causa che oppone il ricorrente a Guido B e r n a s c o n i, Cadro, in materia di esposizione di un crocifisso nelle aule scolastiche;

R i t e n u t o   i n   f a t t o :

A.- Il 19 settembre 1984 il Municipio di Cadro ha deciso di far appendere un crocifisso in ogni aula del nuovo complesso delle scuole elementari. Tale decisione è stata confermata il 30 settembre 1984, poiché un docente aveva tolto i crocifissi dalle aule prima dell'inizio delle lezioni.

B.- Guido Bernasconi, insegnante presso le scuole di Cadro, una associazione e tre cittadini di Cadro - fra i quali un genitore di un allievo appartenente alla Chiesa evangelica riformata - sono insorti contro questa decisione al Consiglio di Stato del Cantone Ticino, prevalendosi della violazione dei principi della parità di trattamento (art. 4 Cost.), della libertà di credenza e coscienza (art. 49 Cost.) e della neutralità confessionale della scuola (art. 27 cpv. 3 Cost.). Con decisione del 10 dicembre 1985, il Consiglio di Stato ha dichiarato irricevibile per carenza di legittimazione il ricorso dell'associazione ed ha respinto nel merito gli altri ricorsi.

C.- Insorto il 27 dicembre 1985 al Tribunale cantonale amministrativo del Cantone Ticino, Guido Bernasconi ha postulato l'annullamento delle decisioni del Consiglio di Stato e del Comune di Cadro. Con sentenza del 2 maggio 1986 il Tribunale ha accolto il ricorso. A parere dei giudici, con l'esposizione del crocifisso, l'autorità scolastica esterna la sua preferenza per determinate confessioni segnatamente per quella dominante nel paese. Con tale atto essa abbandona la neutralità confessionale senza che esista una corrispondente esigenza dallo stretto profilo dell'insegnamento. Pertanto gli allievi, i genitori e gli insegnanti non credenti possono sentirsi lesi nelle loro concezioni da questa misura contraria all'art. 27 cpv. 3 Cost.

D.- Il 30 maggio 1986 il Comune di Cadro ha introdotto al Tribunale federale un ricorso di diritto pubblico fondato sulla violazione dell'autonomia comunale in relazione con gli art. 4 Cost. (uguaglianza di trattamento), 27 cpv. 3 e 49 Cost., chiedendo che la sentenza del Tribunale cantonale amministrativo del 2 maggio 1986 sia annullata.

E.- Dopo uno scambio di vedute il Tribunale federale ha trasmesso - conformemente all'art. 96 cpv. 1 OG - il ricorso al Consiglio federale che lo ha accolto con decisione del 29 giugno 1988.

F.- Contro questa decisione Guido Bernasconi si è aggravato con ricorso 18 luglio 1988 all'Assemblea federale. Dopo un nuovo scambio di vedute - nel quale il Tribunale federale ha ribadito la competenza del Consiglio federale e dell'Assemblea federale - quest'ultima, aderendo al rapporto della commissione di Grazia, ha annullato la decisione del Consiglio federale per difetto di competenza e rimesso il caso al giudizio del Tribunale federale.

G.- Con decreti del 14 febbraio e 17 agosto 1990 le parti sono state invitate a completare gli atti ricorsuali. Esse vi hanno rinunciato esplicitamente o implicitamente.

Considerando in diritto:

1.- La violazione dell'autonomia comunale, del principio di uguaglianza, della libertà di credenza e di coscienza può essere fatta valere mediante ricorso di diritto pubblico al Tribunale federale (art. 113 cpv. 1 n. 3 Cost. e 84 cpv. 1 OG). Per contro, i ricorsi fondati sull' art. 27 cpv. 3 Cost. - che sancisce la neutralità confessionale della scuola - sia che concernano una scuola primaria, sia un'altra scuola pubblica dei cantoni, vanno proposti al Consiglio federale con ricorso amministrativo (art. 73 cpv. 1 lett. a n. 3 PA; DTF 107 Ia 263, 102 Ia 203 consid. 1; Auer, La juridiction constitutionnelle en Suisse, Basilea e Francoforte sul Meno 1983, n. 243, pag. 139 seg.; Borghi, in Commentaire de la Constitution fédérale, n. 87 ad art. 27). Il Consiglio federale ha ammesso la propria competenza escludendo quella del Tribunale federale in base alla natura sussidiaria del ricorso di diritto pubblico (art. 84 cpv. 2 OG; DTF 102 Ia 203 consid. 1). L'Assemblea federale ha però annullato - dopo un nuovo scambio di vedute - tale decisione per difetto di competenza e rinviato il caso per giudizio al Tribunale federale.

Secondo l'art. 71 Cost. l'Assemblea federale è l'autorità suprema della Confederazione, riservati i diritti del popolo e dei Cantoni (sul tema: Aubert, in Commentaire de la Constitution fédérale, n. 40 segg. ad art. 71). In base all'art. 85 n. 13 Cost. essa dirime i conflitti di competenza fra autorità federali. Nel caso concreto non è sorto un conflitto di competenza fra il Consiglio federale e il Tribunale federale; tale questione è stata infatti risolta mediante uno scambio di opinioni. La situazione è comunque analoga a quella prevista dall'art. 85 n. 13 Cost., pertanto il Tribunale federale deve piegarsi alla decisione dell'Assemblea federale pronunciandosi nel merito della vertenza.

2.- Il Municipio di Cadro ha introdotto il ricorso in nome del Comune, del quale è organo: come il Tribunale federale ha già constatato (DTF 103 Ia 472 consid. 1 e rinvii; Rep. 1986 pag. 226 consid. 2), tale competenza di rappresentanza gli spetta in vertenze di carattere amministrativo anche senza l'autorizzazione del Consiglio comunale (cfr. anche art. 13 lett. l della Legge organica comunale del 10 marzo 1987 e Ratti, Il Comune, Vol. I, pag. 150).

3.- Per costante giurisprudenza il Tribunale federale si pronuncia d'ufficio sulla ricevibilità del rimedio esperito senza essere vincolato né dalle conclusioni delle parti né dalle censure formali che esse hanno sollevato (DTF 114 Ia 462 consid. 1 con richiamo, 112 Ia 182 consid. 1).

a) Le corporazioni di diritto pubblico, in particolare i Comuni, possiedono la legittimazione ricorsuale per impugnare decisioni o decreti che li toccano quali detentori del pubblico potere (DTF 114 Ia 81 consid. 1a con richiami, 316 consid. 1a, 467 consid. 1a). Nel caso concreto l'autorità cantonale ha annullato la decisione con la quale il Municipio ha deciso di affiggere un crocifisso nelle aule scolastiche comunali. Tale decisione tocca il Comune in modo diretto nella sua qualità di detentore del pubblico potere. Sotto il profilo dell'art. 88 OG esso è quindi legittimato a sollevare una lesione della propria autonomia nell'ambito del ricorso di diritto pubblico: se questa autonomia sussista e sia stata disattesa è questione di merito, non di legittimazione (DTF 114 Ia 467 consid. 1a con richiamo, 113 Ia 333 consid. 1b; RDAT 1989 pag. 114 consid. 2a e richiami; Rep. 1986 pag. 227 consid. 4).

b) Prevalendosi della sua autonomia un Comune può fra l'altro esigere che le autorità cantonali di ricorso o di vigilanza osservino da un lato i limiti formali posti dalla legge e inoltre che esse applichino in modo corretto il diritto materiale determinante (DTF 114 Ia 82 consid. 2a e richiami). Il Comune può quindi invocare anche la violazione dell'art. 4 Cost. e dei diritti che ne derivano - quali il divieto dell'arbitrio, il principio della proporzionalità, quello d'uguaglianza o quello della buona fede - non però a titolo indipendente, ma solo in stretta connessione con quella della sua autonomia (DTF 115 Ia 46 consid. c e rinvii). Al Comune è pure concesso di addurre la trasgressione di altri diritti fondamentali, quali ad esempio le libertà individuali, sostenendo che il significato e la portata attribuiti in concreto pregiudica la sua autonomia (DTF 114 Ia 170, 113 Ia 333 seg., 103 Ia 196). Nel caso in discussione il Comune rimprovera alla Corte cantonale di aver attribuito agli art. 4, 27 cpv. 3 e 49 Cost. un significato e una portata incompatibili con la volontà del costituente federale. Tali censure - motivate conformemente ai requisiti posti dall'art. 90 cpv. 1 lett. b - sono pertanto, in principio, ammissibili.

c) Quando il ricorso con cui si invoca la violazione dell'autonomia comunale è fondato su norme di rango costituzionale, il Tribunale federale esamina liberamente la decisione impugnata, mentre restringe la sua competenza all'arbitrio per quelle di rango inferiore, l'apprezzamento delle prove e la constatazione dei fatti rilevanti (DTF 114 Ia 82 consid. 2 e richiami).

4.- Secondo la giurisprudenza un Comune è autonomo nelle materie che la legislazione cantonale non regola esaurientemente, ma lascia in tutto o in parte all'ordinamento del Comune, conferendogli una notevole libertà di decisione (DTF 115 Ia 44 consid. 3, 114 Ia 82 consid. 2a, 169/170). Poco importa che la materia in cui il Comune pretende d'essere autonomo sia regolata dal diritto federale, cantonale o comunale. Decisiva è la latitudine dell'autonomia assicurata a quest'ultimo, nella materia specifica, dalla costituzione o dalla legislazione cantonale (DTF 111 Ia 253 consid. 2a; RDAT 1989, pag. 75, consid. 2a).

a) La Costituzione ticinese del 4 luglio 1830 - riordinata il 29 ottobre 1967 - è silente circa la nozione e l'ambito dell'autonomia comunale. Essa regola unicamente, agli art. 50 e 51, le modalità di formazione e d'elezione dei Municipi e dei Consigli comunali e il diritto di iniziativa e di referendum nei Comuni in cui è istituito il Consiglio comunale (DTF 103 Ia 472 seg.; RDAT 1985 pag. 144 consid. 3; Lepori, Diritto costituzionale ticinese, Bellinzona 1988, pag. 173; Progetto di revisione totale della Costituzione ticinese, edizione speciale RDAT 1986, pag. 87). L'art. 1 della legge organica comunale del 10 marzo 1987 definisce il Comune come una corporazione di diritto pubblico, con personalità giuridica e territorio proprio, autonoma nei limiti stabiliti dalla Costituzione e dalle leggi.

b) Il Tribunale federale ha già avuto modo di precisare che in materia scolastica (scuole elementari) le competenze comunali sono rette dalla legge della scuola del 29 maggio 1958 (LS; RDAT 1983 pag. 74, consid. 3). L'art. 1 LS sancisce che la scuola pubblica, la quale ha per scopo l'istruzione e l'educazione della gioventù, è ordinata, vigilata e diretta dallo Stato e dai Comuni nel rispetto della libertà di credenza e di coscienza. L'art. 3 invita i Comuni a collaborare alla direzione didattica dell'insegnamento di competenza del Consiglio di Stato e l'art. 4 istituisce la vigilanza del Dipartimento della pubblica educazione sulle autorità comunali nelle materie attinenti alla scuola. Secondo l'art. 7 cpv. 3 LS i Comuni partecipano alla vigilanza sulla scuola - prevista all'art. 1 - con i Municipi e le delegazioni scolastiche. In modo generale, i Comuni sono tenuti a cooperare efficacemente al buon andamento della scuola (art. 106 cpv. 1 LS). Da queste disposizioni si evince che i Comuni ticinesi godono, perlomeno in alcuni campi dell'istruzione pubblica, di una certa libertà di decisione e che agli stessi deve essere riconosciuta un'autonomia costituzionalmente protetta. Il Tribunale federale ha, ad esempio, riconosciuto l'autonomia del Comune ticinese in materia di nomina ed incarico di maestri delle scuole elementari (RDAT 1983, pag. 74 consid. 3; Ratti, op. cit., Vol. II, pag. 848; questione tuttavia lasciata indecisa in merito all'incarico di maestri nella sentenza pubblicata in RDAT 1985, pag. 114 e seg.). Se ne deduce che la legge della scuola non vieta ai Comuni di far affiggere crocifissi nelle aule scolastiche e che, in questo campo, la loro autonomia non è limitata dalla legislazione cantonale.

5.- Occorre ora esaminare se l'esposizione del crocifisso nelle aule scolastiche violi il principio della neutralità confessionale della scuola in relazione con la libertà di credenza e di coscienza e eventualmente, quello della parità di trattamento. Se ciò non fosse il caso, il ricorso di diritto pubblico dovrebbe essere accolto per violazione dell'autonomia comunale.

a) L'art. 49 cpv. 1 Cost. sancisce l'inviolabilità della libertà di credenza e di coscienza. Si tratta di un diritto inalienabile e imprescrittibile (DTF 104 Ia 176 in alto; RDAT 1987, pag. 53 consid. 3a), di cui sono titolari, in principio, solo le persone fisiche e, eccezionalmente, le persone giuridiche che perseguono, in base agli statuti, un fine religioso o ecclesiastico (DTF 97 I 120 consid. 3a). La libertà di credenza e di coscienza protegge i cittadini da ogni ingerenza dello Stato suscettibile di ostacolare le loro convinzioni religiose (Burckhardt, Kommentar zur Schweizerischen Bundesverfassung, 3ª edizione, Berna 1931, pag. 442). È la libertà di credere, di non credere e di modificare in ogni tempo, in qualunque modo, le proprie convinzioni religiose (Favre, Droit constitutionnel suisse, 2ª edizione, Friborgo 1970, pag. 280). La portata della libertà di credenza e di coscienza è precisata in primo luogo dai cpv. 2 a 6 dell'art. 49 Cost. Il cpv. 2 prevede che nessuno può essere costretto a prendere parte a un'associazione o a un'istruzione religiosa, a prestarsi a un atto religioso (DTF 101 Ia 397 consid. 3b). Il diritto di disporre, conformemente ai principi suesposti, dell'educazione religiosa dei fanciulli sino all'età di sedici anni, è conferito, secondo il cpv.3, alla persona che è investita della "patria potestà" o della curatela; questo disposto è messo in esecuzione dall'art. 303 CC che, nel suo tenore del 25 giugno 1976 (RU 1977 pag. 250), prescrive che i genitori dispongono dell'educazione religiosa del figlio fino al compimento del sedicesimo anno, età a partire dalla quale egli decide liberamente della propria confessione religiosa (sul tema: Hegnauer, Grundriss des Kindesrechts, 3ª edizione, Berna 1989, pag.174; Tschümperlin, Die elterliche Gewalt in Bezug auf die Person des Kindes, tesi, Friborgo 1989, pag. 293 segg.).

b) Le garanzie offerte dalla libertà di credenza, di coscienza e di culto (art. 50 Cost.) corrispondono a quelle dell'art. 9 CEDU (DTF 114 Ia 132 consid. 2a). Questa disposizione, che si ispira direttamente dall'art. 18 della Dichiarazione universale dei diritti dell'uomo proclamata dall'Assemblea generale delle Nazioni Unite il 10 dicembre 1948, riconosce infatti ad ogni persona il diritto alla libertà di pensiero, di coscienza e di religione; tale diritto include la libertà di cambiare religione o credo e quella di manifestarla individualmente o collettivamente, in pubblico e in privato (cfr. DR 22, pag. 45, n. 5; Lanarès, La liberté religieuse et la Convention européenne des droits de l'homme, in Conscience et liberté 1971, pag. 48 segg.).

c) Mentre la Costituzione del 1848 garantiva la libertà di credenza unicamente alle due principali confessioni cristiane della Confederazione, in quella del 1874 è prevalsa la libertà di credenza senza alcuna distinzione fra confessioni (Favre, op. cit., pag. 274). Sono così protette tutte le convinzioni e concezioni spirituali o intellettuali attinenti ai rapporti fra l'essere umano e la divinità (Häfelin/Haller, Schweizerisches Bundesstaatsrecht, 2ª edizione, Zurigo 1988, pag. 369, n. 1196).

d) La libertà di credenza e di coscienza non esige la neutralità assoluta dello Stato in materia religiosa. Sostenere la tesi opposta significherebbe rimettere in questione l'attuale ordinamento dei rapporti fra Chiesa e Stato nei Cantoni. Infatti, la maggior parte delle Costituzioni cantonali riconosce alle confessioni maggioritarie la personalità giuridica di diritto pubblico (cfr. ad esempio art. 1 cpv. 2 della Costituzione ticinese). Ciò influisce, in particolare, sull'organizzazione delle collettività religiose locali e comporta, in generale, vantaggi fiscali o il versamento di contributi alle Chiese riconosciute per l'adempimento delle mansioni ordinarie. D'altra parte, il legislatore federale ha tenuto conto, proibendo il lavoro di domenica e attribuendo ai Cantoni la facoltà di parificarle otto giorni festivi all'anno, delle tradizioni religiose della maggioranza della popolazione (cfr. art. 18 cpv. 1 e 2 LL), anche se dall'art. 18 cpv. 3 LL, che tutela il diritto del lavoratore a far libero in giorni festivi confessionali diversi da quelli del Cantone, traspare una preoccupazione di neutralità. In quest'ambito non va dimenticata la celebrazione ufficiale del Digiuno federale, decretata, per ragioni religiose, dalla Dieta riunita a Lucerna il 1° agosto 1832 (Schaufelberger, Die Geschichte des eidgenössischen Bettages, tesi, Zurigo 1920, pag. 108 seg.). L'indifferenza dello Stato verso il fenomeno religioso è pure smentita da numerosi atti solenni, quali l'esortazione alla protezione divina con cui il Consiglio federale si rivolge ai Cantoni o, le formule di giuramento che prestano in campo federale e cantonale - sia pur in modo facoltativo - le autorità, i funzionari e i testimoni. Infine, va ricordato che la Costituzione federale e quella di sei Cantoni a tradizione cattolica romana (Uri, Svitto, Obwaldo, Nidwaldo, Friborgo e Vallese) incomincia con un'invocazione a Dio onnipotente, mentre quella di tre Cantoni (Basilea-Campagna, Argovia e Giura) afferma la responsabilità del popolo davanti a Dio.

e) Alcune di queste istituzioni traggono origine dalla necessità di salvaguardare la pace confessionale. Le formule indicate richiamano invece la solennità degli atti ufficiali in base ad una radicata consuetudine e non sono decisive dal profilo dell'art. 49 Cost. In particolare, l' invocazione che figura nei preamboli costituzionali non ha alcun valore normativo e sia la Confederazione che i Cantoni rimangono Stati laici (Aubert, op. cit., n. 6 al Preambolo; Häfelin/Haller, op. cit., pag. 11, n. 28, Rapporto finale del gruppo di lavoro Wahlen per la preparazione di una revisione totale della Costituzione, 1973, pag. 62, Karlen, Das Grundrecht der Religionsfreiheit in der Schweiz, tesi, Zurigo 1988, pag. 152). La laicità dello Stato è del resto sottolineata da alcuni disposti costituzionali, in particolare quelli relativi alla tenuta dei registri dello stato civile e ai luoghi di sepoltura (art. 53 Cost.), alla celebrazione del matrimonio (art. 54 cpv. 1 e 2 Cost.) e all'abolizione della giurisdizione ecclesiastica (art. 58 cpv. 2 Cost.; Häfelin/Haller, op. cit., n. 1231 segg.). Queste disposizioni indicano essenzialmente che, per volontà del costituente, le Chiese non detengono alcun potere politico istituzionale.

In definitiva la laicità dello Stato si riassume, in un obbligo di neutralità che gli impone di astenersi negli atti pubblici da qualsiasi considerazione confessionale suscettibile di compromettere la libertà dei cittadini in una società pluralista (Karlen, op. cit., pag. 188; Erwin Fischer, in: Neue Juristische Wochenschrift, München und Frankfurt am Main, 27/1974, pag. 1185).

6.- La neutralità confessionale alla quale è tenuto lo Stato assume particolare rilievo nell'ambito della scuola pubblica, poiché l'insegnamento è obbligatorio per tutti, senza alcuna distinzione fra confessioni. In questo campo l'art. 27 cpv. 3 Cost. è il corollario della libertà di credenza e di coscienza (Borghi, op. cit., n. 64 ad art. 27; Rechsteiner, Die Volksschule im Bundesstaat, tesi, Zurigo 1978, pag. 391 e 655; Karlen, op. cit., pag. 385; Marschall, Das Prinzip der Konfessionslosigkeit der öffentlichen Schulen in der Bundesverfassung, tesi, Zurigo 1948, pag. 171). Tale disposizione ha quale scopo di garantire il rispetto della sensibilità degli individui con convinzioni diverse, evitando che gli stessi possano sentirsi degli estranei. Essa rafforza inoltre il diritto conferito ai genitori dagli art. 49 cpv. 3 e 303 CC (cfr. consid. 5a in fine e riferimenti dottrinali) e protegge da ogni influenza il diritto dei ragazzi di scegliere liberamente - al momento in cui compiono il sedicesimo anno di età - la confessione religiosa (art. 303 cpv. 3 CC).

a) Il principio della neutralità confessionale dell'insegnamento, sancito all'art. 27 cpv. 3 Cost., impone alle scuole pubbliche di accogliere gli aderenti di tutte le confessioni senza pregiudizio della loro libertà di credenza e coscienza. Il testo francese della Costituzione esprime questo concetto in modo ancora più marcato mediante l'espressione "...d'aucune façon ..." (Fleiner/Giacometti, Bundesstaatsrecht, Zurigo 1949, pag. 329). Tale disposizione prevede una protezione accresciuta dei diritti delle minoranze confessionali non riconosciute, come pure quelli delle persone professanti l'ateismo, l'agnosticismo o l'indifferenza in materia religiosa, salvo che motivi d'ordine o di interesse pubblico impongano l'adozione di misure restrittive (art. 49 cpv. 5 Cost. e 9 n. 2 CEDU), alle quali sono pure sottoposte le religioni tradizionalmente dominanti in Svizzera. Quest'ultime non potrebbero in ogni caso imporre all'autorità, in campo scolastico, comportamenti suscettibili di offendere la sensibilità religiosa di allievi e genitori dalle convizioni diverse. È soprattutto attraverso la tolleranza che la libertà di credenza e di coscienza può essere garantita nella scuola (DTF 114 Ia

134; Häfelin/Haller, op. cit., pag. 377; Karlen, op. cit. pag. 149 e pag. 385 segg.; Favre, op. cit., pag. 300 seg.).

b) Secondo questi principi l'orientamento confessionale dell'insegnamento da parte dell'autorità o degli insegnanti - a favore di una o più religioni o contro le stesse - è proibito (Borghi, op. cit., n. 68 e 69 ad art. 27; Burckhardt, op. cit., pag. 200). Ciò concerne esclusivamente l'orientamento sistematico dell'insegnamento, poiché è inevitabile che le convinzioni del docente esercitino una certa influenza in determinati campi dell'insegnamento (Favre, op. cit., pag. 300). In tal senso il parere del Dipartimento federale di giustizia e polizia, secondo il quale l'insegnamento può essere fondato su basi cristiane, nella misura in cui tale fondamento costituisca un semplice accenno ai valori della civiltà nella quale viviamo (cfr. GAAC 14/1940, n. 12). La neutralità confessionale della scuola pubblica non vieta nemmeno l'insegnamento facoltativo della religione impartito da ecclesiastici o laici o l'insegnamento ordinario di membri di una congregazione religiosa (Borghi, op. cit., n. da 74 a 77 ad art. 27).

7.- La Corte cantonale ha ritenuto che l'esposizione del crocifisso nelle aule scolastiche violerebbe l'art. 27 cpv. 3 Cost. Con questo atto il ricorrente avrebbe infatti esternato - senza alcuna giustificazione dal profilo dell'insegnamento - la propria preferenza per la religione dominante nel paese. I Giudici cantonali citano a questo proposito un parere di dottrina basato, in particolare, sulla sentenza del 17 luglio 1973 della Corte costituzionale della Repubblica federale di Germania che ha ritenuto contraria all'art. 4 della Legge fondamentale (GG) la presenza del crocifisso nell'aula di un tribunale (Entscheidungen des Bundesverfassungsgerichts, 35/1974, pag. 366 segg.).

a) È opportuno sottolineare che nel caso concreto l'esame del Tribunale federale è limitato, in virtù degli art. 88 e 90 OG, alla costituzionalità dell'esposizione del crocifisso in un aula ove è dispensato l'insegnamento primario pubblico, frequentata da allievi che non hanno ancora raggiunto la maggiore età in materia religiosa (cfr. consid. 5a in fine e art. 49 cpv. 3 Cost. e 303 CC) e che possono quindi essere educati in confessioni diverse.

Il Tribunale federale non deve pertanto statuire sull'esposizione del crocifisso in altri luoghi pubblici, come le aule giudiziarie o quelle dove siedono gli organi esecutivi e legislativi.

b) Occorre quindi stabilire se l'esposizione nelle aule scolastiche del crocifisso - simbolo nella civiltà occidentale del cristianesimo - è conforme all'art. 27 cpv. 3 in relazione con l'art. 49 Cost. Secondo la recente dottrina tale atto sarebbe in contrasto con il divieto di identificare l'insegnamento con determinate confessioni religiose (Borghi, op. cit., n. 78 ad art. 27; Plotke, Schweizerisches Schulrecht, pag. 164 n. 7.343; riservato su questo punto Karlen, op. cit., pag. 396 e seg. e in: Religiöse Symbole in öffentlichen Räumen, ZBl 90/1989, pag. 18).

Il fatto che l'autorità decida di far appendere il crocifisso nelle aule scolastiche può essere inteso come attaccamento alla tradizione e ai fondamenti cristiani della civiltà e cultura occidentale. Si potrebbe quindi ritenere che tale decisione - basata su motivi del tutto comprensibili - non viola il principio della neutralità confessionale dell'insegnamento: essa testimonierebbe unicamente una certa sensibilità dello Stato al fenomeno religioso e alla civiltà cristiana. Lo Stato garante della neutralità confessionale della scuola sancita dall'art. 27 cpv. 3 Cost., non può tuttavia prevalersi della facoltà di manifestare in ogni circostanza, nell'ambito dell'insegnamento, il proprio attaccamento ad una confessione. Esso deve evitare di identificarsi con una religione maggioritaria o minoritaria, pregiudicando così le convinzioni dei cittadini con confessioni diverse. È pertanto concepibile che chi frequenta la scuola pubblica veda nell'esposizione di tale simbolo la volontà di rifarsi a concezioni della religione cristiana in materia di insegnamento o quella di porre l'insegnamento sotto l'influsso di tale religione. Non è neppure escluso che alcune persone si sentano lese nelle loro convinzioni religiose dalla presenza costante nella scuola di un simbolo di una religione alla quale non appartengono. Ciò può avere conseguenze non indifferenti soprattutto sull'evoluzione spirituale degli allievi e sulle loro convinzioni religiose - che sono quelle dei genitori - e nelle quali sono educati contemporaneamente alla scuola, conseguenze che l'art. 27 cpv. 3 Cost. vuole proprio evitare. Da notare infine che queste considerazioni coincidono praticamente con quelle che hanno condotto la Corte costituzionale degli Stati Uniti d'America a dichiarare contraria alla libertà di credenza, garantita dal primo emendamento della Costituzione, l'esposizione della legge mosaica nelle aule scolastiche (Stone vs. Graham [per curiam], 449 US 39/1980; sull'argomento: Auer, The Supreme Law of the Land, Basilea e Francoforte sul Meno 1990, pag. 176 segg.).

c) Alla luce delle considerazioni che precedono si deve ammettere che l'esposizione del crocifisso nelle aule delle scuole elementari non adempie l'esigenza di neutralità prevista all'art. 27 cpv. 3 Cost. Di conseguenza è superfluo esaminare la questione sotto l'angolo dell'art. 4 Cost.

Il giudizio sarebbe forse stato diverso ove si fosse trattato di statuire sulla presenza del crocifisso nei locali scolastici adibiti ad uso comune, come ad esempio l'atrio, i corridoi, il refettorio o, evidentemente, dove esistano, il locale destinato al culto o l'aula nella quale viene impartito l'insegnamento facoltativo della religione.

8.- Se ne deve concludere che la Corte cantonale, ha correttamente interpretato la portata dell'art. 27 cpv. 3 in relazione con l'art. 49 Cost. senza violare, di riflesso, l'autonomia del Comune di Cadro, il cui ricorso di diritto pubblico deve essere respinto.

9.- Il Comune che, senza interessi pecuniari, ha agito nell'esercizio delle sue attribuzioni ufficiali, non può essere astretto al pagamento di spese giudiziarie (art. 156 cpv. 2 OG), mentre una corresponsione di ripetibili alla controparte, che non si è fatta assistere da un patrocinatore, non entra in linea di conto (DTF 110 Ia 6 consid. 6, 110 V 81 consid. 7).

Per questi motivi,

il Tribunale federale,

pronuncia:

1. Il ricorso è respinto.

2. Non si riscuotono spese né si assegnano ripetibili.

3. Comunicazione al patrocinatore del ricorrente, alla controparte, al Consiglio di Stato, al Tribunale cantonale amministrativo del Cantone Ticino e, per conoscenza, al Consiglio federale e all'Assemblea federale.

Losanna, 26 settembre 1990
lf

In nome della I Corte di diritto pubblico
del TRIBUNALE FEDERALE SVIZZERO:
Il Presidente,

Il Cancelliere,

2. Deutsche Übersetzung aus:
Schweizerisches Zentralblatt für Staats- und Verwaltungsrecht (Zbl), Band 92, Nr. 2, Februar 1991, S. 70–79.

Bundesgericht, I. Öffentlichrechtliche Abteilung, 26. September 1990

(Übersetzung aus dem Italienischen: Dr. iur. Peter Karlen, Wetzikon ZH)

Anbringen von Kruzifixen in Klassenzimmern öffentlicher Schulen. *Der Beschluss der Bundesversammlung über die Zuständigkeit zur Behandlung eines Rechtsmittels ist für das Bundesgericht verbindlich* (Erw. 1). *Vertretungsbefugnis der Gemeindeexekutive in Verwaltungsstreitsachen* (Erw. 2). *Rüge der Verletzung der Gemeindeautonomie; Prüfungsbefugnis des Bundesgerichts* (Erw. 3). *Autonomie der Tessiner Gemeinden im Schulwesen, namentlich in bezug auf das Anbringen von Kruzifixen in Schulräumen* (Erw. 4). *Tragweite der Glaubens- und Gewissensfreiheit nach Art. 49 Abs. 1 BV und nach Art. 9 EMRK* (Erw. 5 a–c). *Die Glaubens- und Gewissensfreiheit erfordert nicht die absolute Neutralität des Staates in religiösen Angelegenheiten* (Erw. 5 d), *verbietet jedoch öffentliche Handlungen, die geeignet sind, die religiöse Freiheit der Bürger in einer pluralistischen Gesellschaft zu verletzen* (Erw. 5 e). *Das ist von besonderer Bedeutung im Bereich der Schule, wo die Gefühle von Schülern und Eltern, die einer religiösen Minderheit angehören, nicht verletzt werden dürfen* (Erw. 6 a). *Die systematische konfessionelle Ausrichtung des Unterrichts ist verboten* (Erw. 6 b). *Das Anbringen von Kruzifixen in den Klassenzimmern der Primarschule verträgt sich nicht mit der von Art. 27 Abs. 3 BV verlangten Neutralität der öffentlichen Schulen* (Erw. 7).

A. Am 19. September 1984 beschloss der Gemeinderat von Cadro, in jedem Zimmer des neuen Primarschulhauses ein Kruzifix anbringen zu lassen. Dieser Beschluss wurde am 30. September 1984 bestätigt, nachdem ein Lehrer die Kruzifixe vor Aufnahme des Unterrichtes wieder aus den Zimmern entfernt hatte.

B. Guido Bernasconi, ein Lehrer an den Schulen von Cadro, die Sektion Tessin der Freidenkervereinigung der Schweiz sowie drei Gemeindeeinwohner – darunter der Vater eines evangelisch-reformierten Schülers – fochten diesen Beschluss beim Staatsrat des Kantons Tessin an, wobei sie die Verletzung des Gleichheitsgrundsatzes (Art. 4 BV), der Glaubens- und Gewissensfreiheit (Art. 49 BV) und der konfessionellen Neutralität der Schule (Art. 27 Abs. 3 BV) geltend machten. Der Staatsrat trat mit Entscheid vom 10. Dezember 1985 auf die Beschwerde der genannten Vereinigung wegen fehlender Legitimation nicht ein und wies die anderen Beschwerden ab.

C. Guido Bernasconi verlangte darauf mit Eingabe vom 27. Dezember 1985 an das Verwaltungsgericht des Kantons Tessin die Aufhebung der Entscheide des Staatsrates und der Gemeinde Cadro. Mit Urteil vom 2. Mai 1986 hat das Gericht die Beschwerde gutgeheissen. Nach Ansicht der Richter drückt die Schulbehörde mit dem Anbringen des Kruzifixes ihre Bevorzugung bestimmter Bekenntnisse aus, vornehmlich des im Kanton vorherrschenden. Mit dieser Haltung verlasse sie die konfessionelle Neutralität, ohne dass dies für den eigentlichen Unterricht nötig sei. Daher könnten sich die nicht- oder andersgläubigen Schüler, Eltern und Lehrer durch diese Art. 27 Abs. 3 BV widersprechende Massnahme in ihren Überzeugungen verletzt fühlen.

D. Am 30. Mai 1986 reichte die Gemeinde Cadro beim Bundesgericht *staatsrechtliche Beschwerde* wegen Verletzung der Gemeindeautonomie in Verbindung mit Art. 4 BV (Gleichbehandlung), Art. 27 Abs. 3 BV und Art. 49 BV ein und beantragte, das Urteil des kantonalen Verwaltungsgerichts vom 2. Mai 1986 aufzuheben.

E. Nach einem Meinungsaustausch hat das Bundesgericht die Beschwerde – entsprechend Art. 96 Abs. 1 OG – an den Bundesrat weitergeleitet, der sie mit Entscheid vom 29. Juni 1988 (in deutscher Übersetzung abgedruckt in ZBl 90/1989, S. 19ff.) gutgeheissen hat.

F. Gegen diesen Entscheid erhob Guido Bernasconi am 18. Juli 1988 Beschwerde an die Bundesversammlung. Nach einem erneuten Meinungsaustausch – in dem das Bundesgericht an der Zuständigkeit des Bundesrates und der Bundesversammlung festhielt – hat die letztere, dem Bericht der Begnadigungskommission folgend, den Entscheid des Bundesrats wegen fehlender Zuständigkeit aufgehoben und den Fall an das Bundesgericht zurückgewiesen.

G. Das *Bundesgericht* hat die Beschwerde gegen den Entscheid des Verwaltungsgerichts *abgewiesen*. Aus den *Erwägungen:*

1. Die Verletzung der Gemeindeautonomie, des Gleichbehandlungsgrundsatzes und der Glaubens- und Gewissensfreiheit kann mit staatsrechtlicher Beschwerde an das Bundesgericht geltend gemacht werden (Art. 113 Abs. 1 Ziffer 3 BV und Art. 84 Abs. 1 OG). Dagegen werden die Beschwerden, die sich auf Art. 27 Abs. 3 BV - welcher die konfessionelle Neutralität der Schule garantiert - stützen, dem Bundesrat mit Verwaltungsbeschwerde vorgelegt, ob sie nun eine Primar- oder eine andere kantonale öffentliche Schule betreffen (Art. 73 Abs. 1 lit. a Ziffer 3 VwVG; BGE 107 I a 263, 102 I a 203 Erw. 1; *Andreas Auer*, La juridiction constitutionnelle en Suisse, Basel und Frankfurt am Main 1983, N 243, S. 139f.; *Marco Borghi*, in: Commentaire de la Constitution fédérale, N 87 ad Art. 27). Der Bundesrat hat seine eigene Zuständigkeit bejaht und die des Bundesgerichts aufgrund der subsidiären Natur der staatsrechtlichen Beschwerde verneint (Art. 84 Abs. 2 OG; BGE 102 I a 203 Erw. 1). Die Bundesversammlung hat jedoch - nach einem erneuten Meinungsaustausch - diesen Entscheid wegen mangelnder Zuständigkeit aufgehoben und den Fall zur Beurteilung an das Bundesgericht zurückgewiesen.
Nach Art. 71 BV ist die Bundesversammlung die oberste Gewalt des Bundes, vorbehaltlich der Rechte des Volkes und der Kantone (vgl. dazu *Jean-François Aubert*, in: Commentaire de la Constitution fédérale, N 40ff. ad Art. 71). Aufgrund von Art. 85 Ziffer 13 BV entscheidet sie die Kompetenzstreitigkeiten zwischen Bundesbehörden. Im vorliegenden Fall ist zwar kein Kompetenzstreit zwischen dem Bundesrat und dem Bundesgericht eingetreten, sondern die Frage hat sich im Zusammenhang mit einem Meinungsaustausch gestellt. Die Situation entspricht derjenigen, die in Art. 85 Ziffer 13 BV vorgesehen ist, weswegen sich das Bundesgericht dem Entscheid der Bundesversammlung beugen muss und in dieser Streitfrage zu entscheiden hat.

2. Der Gemeinderat (Exekutive) von Cadro hat die Beschwerde im Namen der Gemeinde geführt, deren Organ er ist. Wie das Bundesgericht bereits festgestellt hat (BGE 103 I a 472 Erw. 1, mit Hinweisen; Rep. 1986, S. 226, Erw. 2), ist er auch ohne Auftrag des Gemeindeparlamentes zur Vertretung der Gemeinde in verwaltungsrechtlichen Streitigkeiten befugt (vgl. auch Art. 13 lit. 1 des Gemeindegesetzes

(Legge organica communale) vom 10. März 1987 und Eros Ratti, Il Commune, 1987, Bd. I, S. 150).

3. Nach ständiger Rechtsprechung prüft das Bundesgericht die Zulässigkeit des eingelegten Rechtsmittels von Amtes wegen, ohne an die Anträge der Parteien gebunden zu sein (BGE 114 I a 462 Erw. 1, mit Hinweis, 112 I a 182 Erw. 1).

a) Die öffentlichrechtlichen Körperschaften, besonders die Gemeinden, sind legitimiert, Entscheide oder Erlasse anzufechten, die sie als Trägerinnen der öffentlichen Gewalt berühren (BGE 114 I a 81 Erw. 1 a, mit Hinweisen, 316 Erw. 1 a, 467 Erw. 1 a). Im vorliegenden Fall hat die kantonale Behörde den Beschluss des Gemeinderats, in den Primarschulzimmern ein Kruzifix anzubringen, aufgehoben. Dieser Entscheid trifft die Gemeinde unmittelbar in ihrer Eigenschaft als Trägerin der öffentlichen Gewalt. Unter dem Gesichtswinkel von Art. 88 OG ist sie daher legitimiert, die Verletzung ihrer Autonomie mit staatsrechtlicher Beschwerde geltend zu machen; ob ihre Autonomie verletzt worden ist, ist eine Frage der materiellen Beurteilung und nicht des Eintretens (BGE 114 I a 467 Erw. 1 a, mit Hinweis, 113 I a 333 Erw. 1 b; RDAT 1989, S. 114, Erw. 2 a und Hinweise; Rep. 1986, S. 227, Erw. 4).

b) Unter Berufung auf ihre Autonomie kann eine Gemeinde unter anderem verlangen, dass die kantonalen Rekurs- und Aufsichtsbehörden einerseits die gesetzlich vorgesehenen Schranken beachten und anderseits das massgebliche materielle Recht korrekt anwenden (BGE 114 I a 82 Erw. 2 a und Hinweise). Die Gemeinde kann daher auch die Verletzung von Art. 4 BV und der daraus abgeleiteten Rechte geltend machen – wie des Willkürverbots, des Grundsatzes der Verhältnismässigkeit, der Rechtsgleichheit oder von Treu und Glauben –, allerdings nicht selbständig, sondern nur in Verbindung mit der Verletzung ihrer Autonomie (BGE 115 I a 46 Erw. c und Hinweise). Der Gemeinde wird auch zugestanden, sich auf die Verletzung anderer Grundrechte wie zum Beispiel der persönlichen Freiheit zu berufen, wenn Bedeutung und Tragweite der betreffenden Frage ihre Autonomie verletzen (BGE 114 I a 170, 113 I a 333ff., 103 I a 196). Im vorliegenden Fall wirft die Gemeinde dem kantonalen Gericht vor, Art. 4 BV, Art. 27 Abs. 3 BV und Art. 49 BV eine Bedeutung und

Tragweite beigelegt zu haben, die mit dem Willen des Verfassungsgebers nicht in Einklang zu bringen sei. Solche Rügen sind somit grundsätzlich zulässig, wenn sie den von Art. 90 Abs. 1 lit. b OG aufgestellten Erfordernissen genügen.

c) Soweit sich die Autonomiebeschwerde, mit der die Verletzung der Gemeindeautonomie gerügt wird, auf verfassungsrechtliche Normen beruft, prüft das Bundesgericht den angefochtenen Entscheid frei, während es seine Prüfung in bezug auf Normen von tieferem Rang, die Beweiswürdigung und die Feststellung von wesentlichen Fakten auf das Vorliegen von Willkür hin beschränkt (BGE 114 I a 82 Erw. 2 und Hinweise).

4. Nach der Rechtsprechung ist eine Gemeinde in jenen Bereichen autonom, welche die kantonale Gesetzgebung nicht abschliessend regelt, sondern wo sie die Gemeinde ganz oder teilweise zur Rechtsetzung ermächtigt und ihr so eine beachtliche Entscheidungsfreiheit überträgt (BGE 115 I a 44 Erw. 3; 114 I a 82 Erw. 2 a, 169/170). Es ist unwesentlich, ob das Gebiet, in dem die Gemeinde Autonomie beansprucht, von Bundesrecht, kantonalem oder kommunalem Recht geregelt wird. Entscheidend ist der der Gemeinde von der Verfassung oder der kantonalen Gesetzgebung zugesicherte Spielraum ihrer Autonomie (BGE 111 I a 253 Erw. 2 a; RDAT 1989, S. 75, Erw. 2 a).

a) Die Tessiner Verfassung vom 4. Juli 1830 – revidiert am 29. Oktober 1967 – sagt über den Begriff und den Bereich der Gemeindeautonomie nichts aus. Sie regelt einzig in Art. 50 und Art. 51 die Art der Bildung und der Wahl der Gemeinderäte und -parlamente sowie das Initiativ- und Referendumsrecht in den Gemeinden, in denen ein Parlament besteht (BGE 103 I a 472ff.; RDAT 1985, S. 144, Erw. 2; *Giuseppe Lepori*, Diritto costituzionale ticinese, Bellinzona 1988, S. 173; Progetto di revisione totale della Costituzione ticinese, edizione speciale RDAT 1986, S. 87). Art. 1 des Gemeindegesetzes anerkennt die Gemeinde als öffentlichrechtliche Körperschaft mit eigener Rechtspersönlichkeit und eigenem Gebiet, die innerhalb der von der Verfassung und den Gesetzen bestimmten Grenzen autonom ist.

b) Das Bundesgericht hat bereits festgehalten, dass die Gemeindekompetenzen in Primarschulangelegenheiten im Schulgesetz vom 29. Mai 1958 (Legge della scuola, LS) geregelt sind (RDAT 1983,

S. 74, Erw. 3). Art. 1 LS hält fest, dass die öffentliche Schule, deren Zweck die Unterweisung und Erziehung der Jugend ist, vom Kanton und den Gemeinden unter Berücksichtigung der Glaubens- und Gewissensfreiheit geregelt, überwacht und geleitet wird. Art. 3 LS lädt die Gemeinden zur Mitarbeit an der didaktischen Leitung des Unterrichts, für die der Staatsrat zuständig ist, ein, und Art. 4 LS weist dem Departement für öffentliche Erziehung die Aufsicht über die kommunalen Behörden in Schulfragen zu. Nach Art. 7 Abs. 3 LS nehmen die Gemeinden an der – in Art. 1 LS vorgesehenen – Aufsicht über die Schule durch die Gemeinderäte und die Schulabgeordneten teil. Die Gemeinden sind ganz allgemein gehalten, zum guten Gang der Schule wirksam beizutragen (Art. 106 Abs. 1 LS). Aus diesen Bestimmungen ergibt sich, dass die Tessiner Gemeinden mindestens in einigen Gebieten des öffentlichen Unterrichts eine gewisse Entscheidungsfreiheit geniessen und dass ihnen insofern eine verfassungsmässig geschützte Autonomie zuerkannt werden muss. Das Bundesgericht hat zum Beispiel die Autonomie der Tessiner Gemeinden bei der Ernennung und Anstellung der Primarschullehrer anerkannt (RDAT 1983, S. 74, Erw. 3; *Ratti*, a. a. O., Bd. II, S. 848; offengelassen ist die Frage allerdings in bezug auf die Anstellung der Lehrer in dem in RDAT 1985, S. 114ff., veröffentlichten Urteil). Daraus lässt sich schliessen, dass das Schulgesetz den Gemeinden das Anbringen von Kruzifixen in Schulzimmern nicht verbietet und dass ihre Autonomie auf diesem Gebiet durch die kantonale Gesetzgebung nicht eingeschränkt wird.

5. Es ist daher zu prüfen, ob das Aufhängen des Kruzifixes in den Klassenzimmern der Schulen das Prinzip der konfessionellen Neutralität der Schule im Hinblick auf die Glaubens- und Gewissensfreiheit und eventuell das Gleichbehandlungsgebot verletzt. Wäre dies nicht der Fall, müsste die staatsrechtliche Beschwerde wegen Verletzung der Gemeindeautonomie gutgeheissen werden.

a) Art. 49 Abs. 1 BV garantiert die Unverletzlichkeit der Glaubens- und Gewissensfreiheit. Es handelt sich dabei um ein unveräusserliches und unverjährbares Recht (BGE 104 I a 176 oben; RDAT 1987, S. 53, Erw. 3 a), das im Prinzip nur den natürlichen Personen zusteht und ausnahmsweise den juristischen Personen, die nach ihren Statuten ein religiöses oder kirchliches Ziel verfolgen (BGE 97 I 120 Erw.

3 a). Die Glaubens- und Gewissensfreiheit schützt die Bürger vor jeglicher Einmischung des Staates, die ihre religiösen Überzeugungen behindern könnte (*Walther Burckhardt*, Kommentar der Schweizerischen Bundesverfassung vom 29. März 1874, 3. Aufl., Bern 1981, S. 442). Sie ist die Freiheit, zu glauben, nicht zu glauben und die eigenen religiösen Überzeugungen jederzeit und auf jede Weise zu ändern (*Antoine Favre*, Droit constitutionnel suisse, 2e éd., Fribourg 1970, S. 280). Die Reichweite der Glaubens- und Gewissensfreiheit ist in erster Linie in Art. 49 Abs. 2 bis 6 BV näher umschrieben. Abs. 2 sieht vor, dass niemand zur Teilnahme an einer Religionsgemeinschaft, einem religiösen Unterricht oder zur Vornahme einer religiösen Handlung gezwungen werden kann (BGE 101 I a 397 Erw. 3 b). Entsprechend den oben dargelegten Grundsätzen ist das Recht, über die religiöse Erziehung der Kinder bis zum Alter von sechzehn Jahren zu verfügen, laut Abs. 3 der Person übertragen, der die elterliche Gewalt oder die Vormundschaft anvertraut ist; diese Anordnung ist durch Art. 303 ZGB ausgeführt worden, der, in seinem Wortlaut vom 25. Juni 1976 (AS 1977, 250), vorschreibt, dass die Eltern über die religiöse Erziehung des Kindes bis zur Vollendung des sechzehnten Altersjahres verfügen; ab diesem Alter entscheidet das Kind frei über sein eigenes religiöses Bekenntnis (vgl. dazu: *Cyril Hegnauer*, Grundriss des Kindsrechts, 3. Aufl., Bern 1989, S. 174; *Urs Tschümperlin*, Die elterliche Gewalt in bezug auf die Person des Kindes, Diss., Freiburg 1989, S. 293ff.).

b) Die von der Glaubens-, Gewissens- und Kultusfreiheit (Art. 50 BV) gewährten Garantien entsprechen jenen von Art. 9 EMRK (BGE 114 I a 132 Erw. 2 a). Diese Bestimmung, die sich unmittelbar von Art. 18 der Allgemeinen Erklärung der Menschenrechte der Vereinten Nationen vom 10. Dezember 1948 ableitet, erkennt in der Tat jeder Person das Recht der Gedanken-, der Gewissens- und der Religionsfreiheit zu; ein solches Recht schliesst die Freiheit ein, die Religion oder das Glaubensbekenntnis zu wechseln und sie einzeln oder in Gemeinschaft, öffentlich oder privat, kundzutun (vgl. DR 22, S. 45, N 5; *Pierre Lanarès*, La liberté religieuse et la Convention européenne des droits de l'homme, in: Conscience et liberté 1971, S. 48ff.).

c) Während die Verfassung von 1848 die Glaubensfreiheit einzig für die beiden christlichen Hauptkonfessionen der Eidgenossenschaft garantierte, hat sich in jener von 1874 die Glaubensfreiheit ohne irgendeine Unterscheidung nach Bekenntnissen durchgesetzt (*Favre*, a. a. O., S. 274). So sind alle geistlichen oder geistigen Überzeugungen und Auffassungen geschützt, die sich auf das Verhältnis des Menschen zum Göttlichen beziehen (*Ulrich Häfelin/Walter Haller*, Schweizerisches Bundesstaatsrecht, 2. Aufl., Zürich 1988, S. 369, N 1196).

d) Die Glaubens- und Gewissensfreiheit erfordert nicht die absolute Neutralität des Staates in religiösen Angelegenheiten. Das Gegenteil behaupten zu wollen bedeutete, die gegenwärtige Ordnung der Beziehungen zwischen Kirche und Staat in den Kantonen in Frage zu stellen. In der Tat erkennt der Grossteil der Kantonsverfassungen den Mehrheitskonfessionen den Status einer juristischen Person des öffentlichen Rechts zu (vgl. z. B. Art. 1 Abs. 2 der Tessiner Verfassung). Dies ist im besonderen für die örtlichen Organisationen der Religionsgemeinschaften von Bedeutung und bringt den anerkannten Kirchen im allgemeinen steuerliche Vorteile oder Beitragszahlungen zur Erfüllung ihrer ordentlichen Aufgaben. Anderseits hat der eidgenössische Gesetzgeber, indem er die Sonntagsarbeit verbot und den Kantonen die Möglichkeit einräumte, acht Feiertage im Jahr den Sonntagen gleichzusetzen, den religiösen Traditionen der Mehrheit der Bevölkerung Rechnung getragen (vgl. Art. 18 Abs. 1 und 2 ArG), auch wenn in Art. 18 Abs. 3 ArG, der das Recht des Arbeitnehmers schützt, an anderen konfessionellen Feiertagen als den kantonalen freizunehmen, die Sorge um die religiöse Neutralität zum Ausdruck kommt. In diesem Zusammenhang darf die offizielle Feier des Eidgenössischen Bettages nicht vergessen werden, der aus religiösen Gründen von der in Luzern versammelten Tagsatzung am 1. August 1832 festgesetzt wurde (*Rosa Schaufelberger*, Die Geschichte des Eidgenössischen Bettages, Diss., Zürich 1920, S. 108f.). Dass der Staat religiösen Sachverhalten gegenüber nicht indifferent ist, wird auch durch zahlreiche feierliche Handlungen belegt, wie die Anrufung von Gottes Machtschutz, mit der sich der Bundesrat an die Kantone wendet, oder die Schwurformeln, die im Bund und in Kantonen – sei es auch nur in fakultativer Weise – die Behörden, die Beamten und die Zeugen verwenden. Schliesslich ist daran zu erinnern, dass die Verfassung des Bundes und von sechs Kantonen mit römisch-katholischer Tradition (Uri, Schwyz, Obwalden, Nidwalden, Freiburg und Wallis) mit einer

Anrufung Gottes des Allmächtigen beginnt, während jene dreier Kantone (Basel-Landschaft, Aargau und Jura) die Verantwortung des Volkes vor Gott bekräftigt.

e) Einige dieser Institutionen entspringen der Notwendigkeit, den konfessionellen Frieden zu bewahren. Die aufgezeigten Formeln prägen jedoch die Feierlichkeit der offiziellen Handlungen aufgrund einer verwurzelten Gewohnheit und sind vom Gehalt von Art. 49 BV nicht betroffen. Im besonderen hat die Anrufung Gottes in den Verfassungspräambeln keinen normativen Wert, und sowohl der Bund als auch die Kantone bleiben Laienstaaten (*Aubert*, a. a. O., N 6 zur Präambel; *Häfelin/Haller*, a. a. O., S. 11, N 28; Schlussbericht der Arbeitsgruppe Wahlen über die Vorbereitung zu einer Totalrevision der Verfassung, 1973, S. 62; *Peter Karlen*, Das Grundrecht der Religionsfreiheit in der Schweiz, Diss., Zürich 1988, S. 152). Die religiöse Neutralität des Staates wird übrigens von einigen Verfassungsbestimmungen unterstrichen, im besonderen von denen, die sich auf die Führung der Zivilstandsregister und auf die Begräbnisorte (Art. 53 BV) beziehen, auf die Eheschliessung (Art. 54 Abs. 1 und 2 BV) und auf die Aufhebung der geistlichen Gerichtsbarkeit (Art. 58 Abs. 2 BV; *Häfelin/Haller*, a. a. O., N 1231ff.). Diese Bestimmungen bringen im wesentlichen zum Ausdruck, dass die Kirchen nach dem Willen des Verfassungsgebers keinerlei politische Gewalt haben.

Abschliessend lässt sich die Laizität des Staates als eine Verpflichtung zur Neutralität umschreiben, die ihm auferlegt, sich bei öffentlichen Handlungen jeglicher konfessioneller Erwägungen zu enthalten, die geeignet wären, die Freiheit der Bürger in einer pluralistischen Gesellschaft zu verletzen (Karlen, a. a. O., S. 188; *Erwin Fischer*, Neue Juristische Wochenschrift, München und Frankfurt am Main, 27/1974, S. 1185).

6. Die konfessionelle Neutralität, zu der der Staat gehalten ist, erhält besonderes Gewicht im Bereich der öffentlichen Schule, weil der Unterricht für alle obligatorisch ist, ohne jede Unterscheidung nach Bekenntnissen. In diesem Umfeld ist Art. 27 Abs. 3 BV die Folgerung aus der Glaubens- und Gewissensfreiheit (Borghi, a. a. O., N 64 ad Art. 27; *Werner Rechsteiner*, Die Volksschule im Bundesstaat, Diss., Zürich 1978, S. 391 und 655; *Karlen*, a. a. O., S. 385; *Josef Marschall*,

Das Prinzip der Konfessionslosigkeit der öffentlichen Schulen in der Bundesverfassung, Diss., Zürich 1948, S. 171). Diese Bestimmung hat zum Zweck, die Achtung der abweichenden religiösen Überzeugungen einzelner Personen zu garantieren und zu vermeiden, dass diese sich als Aussenseiter vorkommen. Sie verstärkt darüber hinaus das den Eltern in Art. 49 Abs. 3 BV und Art. 303 ZGB (vgl. Erw. 5 a in fine und Hinweise aus der Lehre) eingeräumte Recht und schützt das Recht der Kinder, das religiöse Bekenntnis frei von jeder Beeinflussung zu wählen, sobald sie das sechzehnte Altersjahr vollendet haben (Art. 303 Abs. 3 ZGB).

a) Der Grundsatz der konfessionellen Neutralität im Unterricht nach Art. 27 Abs. 3 BV verpflichtet die öffentlichen Schulen dazu, Anhänger aller Bekenntnisse ohne Beeinträchtigung ihrer Glaubens- und Gewissensfreiheit aufzunehmen. Der französische Text der Verfassung drückt diesen Gedanken noch deutlicher aus, indem er den Ausdruck verwendet «... d'aucune façon ...» (*Fritz Fleiner/Zaccaria Giacometti*, Bundesstaatsrecht, Zürich 1949, S. 329). Diese Bestimmung sieht einen verstärkten Schutz der Rechte für die nicht anerkannten konfessionellen Minderheiten vor wie auch für die Personen, die sich zum Atheismus und zum Agnostizismus bekennen oder in religiösen Angelegenheiten gleichgültig sind, soweit nicht Gründe der öffentlichen Ordnung oder des öffentlichen Interesses die Anwendung einschneidender Massnahmen erfordern (Art. 49 Abs. 5 BV und Art. 9 Ziffer 2 EMRK), denen auch die traditionell vorherrschenden Religionen in der Schweiz unterworfen sind. Diese letzteren dürfen auf jeden Fall den (staatlichen) Behörden im Bereich der Schule keine Verhaltensweisen aufdrängen, die geeignet sind, die religiösen Gefühle von Schülern und Eltern anderer Überzeugungen zu verletzen. Die Glaubens- und Gewissensfreiheit in der Schule kann vor allen Dingen durch eine tolerante Haltung garantiert werden (BGE 114 I a 134; *Häfelin/Haller*, a. a. O., S. 377; *Karlen*, a. a. O., S. 149 und S. 385ff.; *Favre*, a. a. O., S. 300f.).

b) Nach diesen Grundsätzen ist die konfessionelle Ausrichtung des Unterrichts durch die Behörden oder die Lehrer – zugunsten oder zuungunsten einer oder mehrerer Religionen – verboten (*Borghi*, a. a. O., N 68 und 69 ad Art. 27; *Burckhardt*, a. a. O., S. 200). Dies betrifft ausschliesslich die systematische Ausrichtung des Unterrichts, da die Überzeugungen des Lehrers unausweichlich einen gewissen Einfluss in bestimmten Unterrichtsgebieten ausüben (Favre, a. a. O., S. 300). Dieser Ansicht ist das Eidgenössische Justiz- und Polizeidepartement, nach welchem der Unterricht auf christliche Grundlagen gestellt sein darf, soweit diese Grundlage einen einfachen Hinweis auf die Werte der Kultur gibt, in der wir leben (vgl. VEB 14/1940, Nr. 12). Die konfessionelle Neutralität der öffentlichen Schule verbietet auch keineswegs den von Geistlichen und Laien erteilten freiwilligen Religionsunterricht oder den ordentlichen Unterricht durch Glieder einer Religionsgemeinschaft (*Borghi*, a. a. O., N. 74–77 ad Art. 27).

7. Das kantonale Verwaltungsgericht hat festgehalten, dass das Anbringen des Kruzifixes in den Klassenzimmern Art. 27 Abs. 3 BV verletze. Mit dieser Handlung habe die Rekurrentin in der Tat – ohne dass sich eine Notwendigkeit aus dem Unterricht ergeben hätte – ihre eigene Präferenz für die im Kanton vorherrschende Religion zum Ausdruck gebracht. Die kantonalen Richter stützen sich dabei auf eine Lehrmeinung, welche im besonderen im Urteil vom 17. Juli 1973 des Bundesverfassungsgerichts der Bundesrepublik Deutschland zum Ausdruck kommt, das die Anwesenheit des Kruzifixes in einem Gerichtssaal als Widerspruch zu Art. 4 GG verboten hat (Entscheidungen des Bundesverfassungsgerichts, 35/1974, S. 366ff.).

a) Es ist zunächst zu unterstreichen, dass sich das Bundesgericht im vorliegenden Fall nach Art. 88 und 90 OG darauf beschränkt, die Verfassungsmässigkeit des Anbringens des Kruzifixes in einem Klassenzimmer zu prüfen, in dem öffentlicher Primarschulunterricht erteilt wird und das von Schülern besucht wird, die in religiösen Angelegenheiten noch nicht volljährig sind (vgl. Erw. 5 in fine und Art. 49 Abs. 3 BV sowie Art. 303 ZGB) und die daher in verschiedenen Bekenntnissen erzogen werden können.
Das Bundesgericht muss deshalb nicht über das Anbringen des Kruzifixes an anderen öffentlichen Orten, wie in Gerichtssälen oder Sitzungszimmern der Exekutive und der Legislative, entscheiden.

b) Es ist somit zu prüfen, ob das Anbringen des Kruzifixes – in der abendländischen Kultur ein Symbol des Christentums – in Schulzimmern mit Art. 27 Abs. 3 in Verbindung mit Art. 49 BV vereinbar ist. Die neuere Lehre sieht darin einen Widerspruch zum Verbot, den Unterricht mit bestimmten religiösen Bekenntnissen zu identifizieren (*Borghi*, a. a. O., N 78 ad Art. 27: *Herbert Plotke*, Schweizerisches Schulrecht, S. 164 N 7.343; zurückhaltend in diesem Punkt *Karlen*, a. a. O., S. 396f., und in: Religiöse Symbole in öffentlichen Räumen, ZBl 90/1989, 18).

Dass die Behörde beschlossen hat, das Kruzifix in den Schulzimmern aufhängen zu lassen, kann als Verbundenheit mit der Tradition und den christlichen Grundlagen der abendländischen Kultur verstanden werden. Man könnte daher der Meinung sein, dass dieser Entscheid – gegründet auf im wesentlichen verständliche Motive – den Grundsatz der konfessionellen Neutralität des Unterrichts nicht verletze: er bezeuge bloss ein gewisses Verständnis des Staates für religiöse Sachverhalte und für die christliche Kultur. Der Staat als Garant der von Art. 27 Abs. 3 BV bestätigten konfessionellen Neutralität der Schule kann sich jedoch nicht die Befugnis herausnehmen, die eigene Verbundenheit mit einer Konfession in jedem Fall deutlich zu zeigen. Er muss es vermeiden, sich mit einer Mehrheits- oder Minderheitsreligion zu identifizieren und so die Überzeugungen der Bürger anderer Bekenntnisse zu beurteilen. Es ist deshalb begreiflich, dass jemand, der die öffentliche Schule besucht, in der Zurschaustellung eines solchen Symbols den Willen sieht, die Auffassungen der christlichen Religion im Unterrichtsstoff zu verwenden oder den Unterricht unter den Einfluss dieser Religion zu stellen. Es ist auch nicht ausgeschlossen, dass einige Personen sich in ihren religiösen Überzeugungen verletzt fühlen, wenn in der Schule dauernd ein Symbol einer Religion gegenwärtig ist, der sie nicht angehören. Das kann nicht unbedeutende Auswirkungen haben, vor allem auf die geistige Entwicklung der Schüler und auf ihre religiösen Überzeugungen – die diejenigen der Eltern sind und zu denen sie anderseits zur gleichen Zeit in der Schule erzogen werden, Folgen, die Art. 27 Abs. 3 BV gerade vermeiden will. Abschliessend ist festzuhalten, dass diese Erwägungen praktisch mit jenen zusammenfallen, die den *Supreme Court* der Vereinigten Staaten von Amerika dazu geführt haben, das Anbringen der Zehn Gebote in den Schulzimmern als Widerspruch zur Glaubensfreiheit, die im I. Amendment der Verfassung garantiert ist, zu erklären (*Stone vs. Graham* [per curiam], 449 US 39/1980; zur

Begründung: *Andreas Auer*, The Supreme Law of the Land, Basel und Frankfurt am Main 1990, S. 176ff.).

c) Im Licht der vorausgegangenen Erwägungen ist zu folgern, dass das Anbringen des Kruzifixes in den Klassenzimmern der Primarschule dem Erfordernis der in Art. 27 Abs. 3 BV vorgesehenen Neutralität nicht genüge. Es ist demnach nicht nötig, die Frage unter dem Gesichtswinkel von Art. 4 BV zu prüfen.
Das Urteil hätte vielleicht anders ausfallen müssen, wenn die Gegenwart des Kruzifixes in Schulräumen für den allgemeinen Gebrauch zu beurteilen gewesen wäre, wie zum Beispiel in der Vorhalle, in den Gängen, in der Kantine oder natürlich in einem allfällig für den Gottesdienst vorgesehenen Raum oder in einem Zimmer, in dem der freiwillige Religionsunterricht erteilt wird.

8. Daraus ist der Schluss zu ziehen, dass das kantonale Verwaltungsgericht die Tragweite von Art. 27 Abs. 3 in Verbindung mit Art. 49 BV richtig ausgelegt hat, ohne dass es dabei die Autonomie der Gemeinde Cadro verletzt hätte. Deren staatsrechtliche Beschwerde ist demnach abzuweisen.

3. Beschluss des deutschen Bundesverfassungsgerichtes vom 16. Mai 1995

Leitsätze

zum Beschluß des Ersten Senats vom 16. Mai 1995
- 1 BvR 1087/91 -

1. Die Anbringung eines Kreuzes oder Kruzifixes in den Unterrichtsräumen einer staatlichen Pflichtschule, die keine Bekenntnisschule ist, verstößt gegen Art. 4 Abs. 1 GG.

2. § 13 Abs. 1 Satz 3 der Schulordnung für die Volksschulen in Bayern ist mit Art. 4 Abs. 1 GG unvereinbar und nichtig.

BUNDESVERFASSUNGSGERICHT

- 1 BvR 1087/91 -

IM NAMEN DES VOLKES

In dem Verfahren
über
die Verfassungsbeschwerde

1) des Herrn S...,
2) der Frau S...,
3) der Minderjährigen S...,
4) des Minderjährigen S...,
5) des Minderjährigen S...,
die Beschwerdeführer 3) bis 5) vertreten durch die Beschwerdeführer 1) und 2),

- Bevollmächtigter: Rechtsanwalt Gottfried Niemietz, Engesserstraße 3, Freiburg i.Br. -

1. unmittelbar gegen

   a) den Beschluß des Bayerischen Verwaltungsgerichtshofs vom 3. Juni 1991 - 7 CE 91.1014 -,

   b) den Beschluß des Bayerischen Verwaltungsgerichts Regensburg vom 1. März 1991 - RO 1 E 91.167 -,

2. mittelbar gegen

   § 13 Abs. 1 Satz 3 der Schulordnung für die Volksschulen in Bayern (Volksschulordnung - VSO) vom 21. Juni 1983 (GVBl S. 597)

hat das Bundesverfassungsgericht - Erster Senat - unter
Mitwirkung des Vizepräsidenten Henschel,
der Richter Seidl,
Grimm,
Söllner,
Kühling
und der Richterinnen Seibert,
Jaeger,
Haas
am 16. Mai 1995 beschlossen:

1. § 13 Absatz 1 Satz 3 der Schulordnung für die Volksschulen in Bayern (Volksschulordnung - VSO) vom 21. Juni 1983 (GVBl S. 597) ist mit Artikel 4 Absatz 1 des Grundgesetzes unvereinbar und nichtig.

2. Der Beschluß des Bayerischen Verwaltungsgerichtshofs vom 3. Juni 1991 - 7 CE 91.1014 - und der Beschluß des Bayerischen Verwaltungsgerichts Regensburg vom 1. März 1991 - RO 1 E 91.167 - verletzen die Beschwerdeführer zu 1) und 2) in ihren Grundrechten aus Artikel 4 Absatz 1 in Verbindung mit Artikel 6 Absatz 2 Satz 1 und die Beschwerdeführer zu 3) bis 5) in ihren Grundrechten aus Artikel 4 Absatz 1 des Grundgesetzes. Der Beschluß des Verwaltungsgerichtshofs verletzt die Beschwerdeführer außerdem in ihren Grundrechten aus Artikel 19 Absatz 4 des Grundgesetzes. Die Entscheidungen werden aufgehoben. Die Sache wird an den Verwaltungsgerichtshof zurückverwiesen.

3. Der Freistaat Bayern hat den Beschwerdeführern ihre notwendigen Auslagen zu erstatten.

Gründe:

A.

Die Verfassungsbeschwerde betrifft die Anbringung von Kreuzen oder Kruzifixen in Schulräumen.

I.

1. Nach § 13 Abs. 1 Satz 3 der Schulordnung für die Volksschulen in Bayern (Volksschulordnung - VSO) vom 21. Juni 1983 (GVBl S. 597) ist in den öffentlichen Volksschulen in jedem Klassenzimmer ein Kreuz anzubringen. Die Volksschulordnung ist eine vom Bayerischen Staatsministerium für Unterricht und Kultus erlassene Rechtsverordnung, die auf einer Ermächtigung im Bayerischen Gesetz über das Erziehungs- und Unterrichtswesen (BayEUG) und im (inzwischen aufgehobenen) Volksschulgesetz (VoSchG) beruht. § 13 Abs. 1 VSO lautet:

> Die Schule unterstützt die Erziehungsberechtigten bei der religiösen Erziehung der Kinder. Schulgebet, Schulgottesdienst und Schulandacht sind Möglichkeiten dieser Unterstützung. In jedem Klassenzimmer ist ein Kreuz anzubringen. Lehrer und Schüler sind verpflichtet, die religiösen Empfindungen aller zu achten.

2. Die Beschwerdeführer zu 3) bis 5) sind die minderjährigen schulpflichtigen Kinder der Beschwerdeführer zu 1) und 2). Letztere sind Anhänger der anthroposophischen Weltanschauung nach der Lehre Rudolf Steiners und erziehen ihre Kinder in diesem Sinne. Seit der Einschulung der ältesten Tochter, der Beschwerdeführerin zu 3), wenden sie sich dagegen, daß in den von ihren Kindern besuchten Schulräumen zunächst Kruzifixe und später teilweise Kreuze ohne Korpus angebracht worden sind. Sie machen geltend, daß durch diese

Symbole, insbesondere durch die Darstellung eines "sterbenden männlichen Körpers", im Sinne des Christentums auf ihre Kinder eingewirkt werde; dies laufe ihren Erziehungsvorstellungen, insbesondere ihrer Weltanschauung, zuwider.

Bei der Einschulung der Beschwerdeführerin zu 3) im Spätsommer 1986 war in deren Klassenzimmer ein Kruzifix mit einer Gesamthöhe von 80 cm und einer 60 cm hohen Darstellung des Korpus unmittelbar im Sichtfeld der Tafel angebracht. Die Beschwerdeführer zu 1) und 2) forderten die Entfernung dieses Kruzifixes und lehnten es ab, die Beschwerdeführerin zu 3) zur Schule zu schicken, solange sie dem Anblick ausgesetzt sei. Der Konflikt wurde zunächst dadurch beigelegt, daß das Kruzifix gegen ein kleineres über der Tür angebrachtes Kreuz ohne Korpus ausgewechselt wurde. Die Auseinandersetzungen zwischen den Beschwerdeführern zu 1) und 2) und der Schulverwaltung flammten jedoch bei der Einschulung ihrer weiteren Kinder sowie beim Klassen- und schließlich beim Schulwechsel der Beschwerdeführerin zu 3) wieder auf, weil wiederum in den Schulräumen Kruzifixe angebracht waren. Wiederholt erreichten die Beschwerdeführer zu 1) und 2) dadurch, daß sie ihre Kinder, teilweise über längere Zeiträume, nicht zum Unterricht schickten, erneut die Kompromißlösung (kleines Kreuz ohne Korpus seitlich über der Tür) für die Klassenzimmer, nicht aber für sonstige Unterrichtsräume. Die Schulverwaltung gab den Beschwerdeführern zu 1) und 2) im übrigen keine Zusage, daß der Kompromiß bei jedem Klassenwechsel eingehalten werde.

Zeitweilig besuchten die drei Kinder eine Waldorfschule; dies blieb jedoch wegen Fehlens der erforderlichen Finanzmittel nur ein vorübergehender Versuch zur Lösung des Konflikts.

3. Im Februar 1991 erhoben die Beschwerdeführer zu 1) und 2) im eigenen Namen und im Namen ihrer Kinder vor dem Verwaltungsgericht Klage gegen den Freistaat Bayern mit dem Ziel, daß aus sämtlichen von ihren Kindern im Rahmen ihres Schulbesuchs aufgesuchten und noch aufzusuchenden Räumen in öffentlichen Schulen die Kreuze entfernt würden. Zugleich beantragten sie den Erlaß einer einstweiligen Anordnung bis zum Abschluß des Klageverfahrens auf Entfernung von Kruzifixen.

a) Das Verwaltungsgericht lehnte den Eilantrag ab. Durch das Anbringen von Kreuzen in Schulräumen würden weder das Erziehungsrecht der Eltern noch Grundrechte der Kinder verletzt. § 13 Abs. 1 Satz 3 VSO bestimme nicht, daß das Kreuz als Unterrichtsmittel einzusetzen und zum Gegenstand des allgemeinen Schulunterrichts zu machen sei. Es diene lediglich der verfassungsrechtlich unbedenklichen Unterstützung der Eltern bei der religiösen Erziehung ihrer Kinder. Der verfassungsrechtlich zulässige Rahmen religiös-weltanschaulicher Bezüge im Schulwesen werde nicht überschritten. Das Prinzip der Nichtidentifikation beanspruche im Schulwesen - anders als im rein weltlichen Bereich - nicht in gleicher Weise Beachtung, weil im Erziehungsbereich religiös-weltanschauliche Vorstellungen von jeher von Bedeutung gewesen seien. Das Spannungsverhältnis zwischen positiver und negativer Religionsfreiheit müsse unter Berücksichtigung des Toleranzgebotes nach dem Prinzip der Konkordanz gelöst werden. Danach könnten die Beschwerdeführer nicht verlangen, daß ihrer negativen Bekenntnisfreiheit der absolute Vorrang gegenüber der positiven Bekenntnisfreiheit derjenigen Schüler eingeräumt werde, die in einem religiösen Bekenntnis erzogen würden und sich dazu bekennen wollten. Vielmehr könne von den Beschwerdeführern Toleranz und Achtung der religiösen Überzeugungen anderer erwartet werden, wenn sie deren Religionsausübung in der Schule begegneten (zu den Einzelheiten vgl. VG Regensburg, BayVBl 1991, S. 345).

b) Die hiergegen gerichtete Beschwerde wies der Verwaltungsgerichtshof zurück. Es fehle bereits an einem Anordnungsgrund. Die Vorwegnahme des mit dem Hauptsacheverfahren verfolgten Ziels sei nicht zulässig, weil den Beschwerdeführern bei einem Zuwarten keine unzumutbaren, irreparablen Nachteile entstünden. Die Kinder besuchten seit 1986 öffentliche Schulen. Seitdem hätten sich ihre Eltern gegen das Anbringen von Kreuzen gewandt, Klage hätten sie aber erst im Februar 1991 erhoben. Außerdem habe sich die Schulbehörde in gewisser Weise kompromißbereit gezeigt. Unter diesen Umständen sei es den Beschwerdeführern zu 1) und 2) zuzumuten, in möglichst vertrauensvoller Zusammenarbeit mit der Schule nach einer für sie zumutbaren Übergangslösung zu suchen. Der Anblick eines Kreuzes oder Kruzifixes sei eine vergleichbar geringfügige Belastung; mit dieser Darstellung würden die Kinder auch anderswo konfrontiert.

Darüber hinaus sei auch ein Anordnungsanspruch nicht glaubhaft gemacht; mit einem Erfolg im Hauptsacheverfahren könne nicht gerechnet werden. Zwar sei der Schutzbereich der Glaubensfreiheit berührt; diese treffe hier aber auf ihre Schranken, die sich aus dem staatlichen Schulorganisationsrecht und den Grundrechten derjenigen Schüler und Eltern ergäben, die eine entgegengesetzte Auffassung verträten. Mit der Darstellung des Kreuzes als Sinnbild des Leidens und der Herrschaft Christi würden die Beschwerdeführer zwar mit einem religiösen Weltbild konfrontiert. Das Kreuz sei aber nicht Ausdruck eines Bekenntnisses zu einem konfessionell gebundenen Glauben, sondern wesentlicher Gegenstand der allgemein christlich-abendländischen Tradition und Gemeingut dieses Kulturkreises. Einem Nichtchristen oder sonst weltanschaulich anders Gesinnten sei es unter dem auch für ihn geltenden Gebot der Toleranz zumutbar, das Kreuz in der gebotenen Achtung vor der Weltanschauung anderer hinzunehmen. Das bloße Vorhandensein einer Kreuzesdarstellung verlange weder eine Identifikation mit den dadurch verkörperten Ideen oder Glaubensvorstellungen noch ein irgendwie sonst darauf gerichtetes aktives Verhalten. Die Schule werde weder missionarisch tätig noch werde ihre Offenheit für andere religiöse und weltanschauliche Werte beeinträchtigt. Die Schule präge die Kinder durch den Unterricht, nicht durch bildliche Darstellungen wie das überkommene Kreuzessymbol. Mit diesem Symbol werde kein Absolutheitsanspruch erhoben und auch nicht für eine bestimmte christliche Konfession geworben; ebensowenig würden die Beschwerdeführer diskriminiert. Das Anbringen von Kreuzen in Schulräumen sei auch nicht geeignet, die von der Schule unabhängige elterliche Erziehung zu beeinträchtigen. Im vorliegenden Fall komme hinzu, daß die Beschwerdeführer zu 1) und 2) die Gestalt Jesu Christi als solche nicht ablehnten, sondern sich nur gegen die nach ihrer Meinung zu einseitige und schädliche Betonung des leidenden Christus wendeten. Auch deswegen sei ihre Beeinträchtigung verhältnismäßig geringfügig; daß die Beschwerdeführer zu 3) bis 5) durch den Anblick einer Kreuzesdarstellung im Schulzimmer seelische Schäden erlitten, sei nicht glaubhaft gemacht. Es werde auch kein unausweichlicher Zwang dadurch ausgeübt, daß die Kinder die Kreuzesdarstellung während des Unterrichts ständig vor Augen hätten und anschauen müßten (zu den Einzelheiten vgl. BayVGH, NVwZ 1991, S. 1099).

c) Das Hauptsacheverfahren ist, nachdem das Verwaltungsgericht die Klage abgewiesen hat, in der Berufungsinstanz anhängig.

II.

Die Verfassungsbeschwerde richtet sich unmittelbar gegen die im Eilverfahren ergangenen Beschlüsse, mittelbar gegen § 13 Abs. 1 Satz 3 VSO. Die Beschwerdeführer rügen eine Verletzung ihrer Grundrechte aus Art. 4 Abs. 1, Art. 6 Abs. 2, Art. 2 Abs. 1 und Art. 19 Abs. 4 GG.

1. Die Ausstattung von Schulräumen mit Kreuzen und Kruzifixen verstoße gegen die Pflicht des Staates zu religiös-weltanschaulicher Neutralität. Das Kreuz sei das markante Symbol und Repräsentationsmerkmal der Religion des Christentums; es sei von alters her symbolischer Inbegriff spezifisch christlicher Glaubensinhalte, nämlich des Leidens und der Herrschaft Christi. Mit dem Anbringen von Kreuzen in staatlichen Räumen bekunde der Staat seine Verbundenheit mit dem christlichen Glauben. Gleichzeitig leiste er einer subtilen Prägung der Schüler im Sinne des christlichen Bekenntnisses Vorschub, indem er sie dem infolge der Schulpflicht unausweichlichen Zwang aussetze, täglich und über Jahre hinweg entgegen ihren eigenen religiösen oder weltanschaulichen Überzeugungen oder der ihrer Eltern ein Kreuz oder Kruzifix

hinzunehmen. Gerade Kinder und Jugendliche seien leicht beeinflußbar; ihre Fähigkeit, sich gegen Einflüsse zur Wehr zu setzen und sich ein eigenes kritisches Urteil zu bilden, sei weit geringer als bei Erwachsenen. Diese Beeinträchtigung sei weder durch das staatliche Schulorganisationsrecht gemäß Art. 7 Abs. 1 GG noch durch die positive Religionsfreiheit anderer Schüler oder deren Eltern aus Art. 4 Abs. 1 GG gerechtfertigt. Die gegenteilige Ansicht, wie sie in den angegriffenen Entscheidungen zum Ausdruck komme, beruhe auf einer verfassungswidrigen Sinnverkehrung der Bedeutung des Grundrechtes der Religionsfreiheit. Dieses gebe dem einzelnen Bürger ein Abwehrrecht gegen den Staat; Art. 4 Abs. 1 GG diene gerade dem Minderheitenschutz. Damit sei es unvereinbar zu behaupten, das Aufstellen von Symbolen der Mehrheitsreligion in staatlichen Schulräumen sei Teil der positiven Religionsfreiheit einer Mehrheit in der Bevölkerung. Indem die angegriffenen Entscheidungen aus Art. 4 GG einen Anspruch der Mehrheit gegen die Minderheit herleiteten, kraft dessen die Minderheit Amtshandlungen und religiöse Attribute in staatlichen Räumen im Sinne der Mehrheit als positive Religionsausübung der Mehrheit tolerieren und achten müsse, verkehrten sie den Schutz des Art. 4 GG in sein Gegenteil.

Soweit sich aus dem Schulgebetsurteil des Bundesverfassungsgerichtes etwas anderes ergebe, könne dem nicht beigetreten werden. Im übrigen sei nach jüngeren Entscheidungen der Fachgerichte die religiöse Neutralitätspflicht der Schule bereits verletzt, wenn ein einzelner Lehrer während der Unterrichtszeit Kleidungsstücke trage, die einen eindeutigen Rückschluß auf seine religiöse Überzeugung gestatteten

(Verbot des Tragens von "Bhagwan"-typischer Kleidung, vgl. BVerwG, NVwZ 1988, S. 937; BayVGH, BayVBl 1985, S. 721; OVG Hamburg, NVwZ 1986, S. 406). Das Aufhängen von Kruzifixen oder Kreuzen durch die Schulbehörden in sämtlichen Unterrichtsräumen an Grund- und Hauptschulen führe zu einem unvergleichlich stärkeren und massiveren Werbeeffekt und einer besonders intensiven religiösen Beeinflussung. Denn hierbei handele es sich nicht um einen Akt individueller Religionsausübung, durch den eine einzelne Person ihre bloße Zugehörigkeit zu einer bestimmten Religionsgemeinschaft zu erkennen gebe, sondern um eine auf staatlicher Autorität beruhende religiöse Werbung und Beeinflussung.

2. Die Grundrechte der Eltern aus Art. 6 Abs. 2 GG und Art. 4 Abs. 1 GG seien verletzt, weil diese ihre Kinder einem ihren Erziehungsvorstellungen widersprechenden religiösen oder weltanschaulichen Einfluß aussetzen müßten.

3. Art. 2 Abs. 1 GG sei verletzt, weil sie durch staatlichen Zwang mit einem Nachteil belastet würden, der nicht in der verfassungsmäßigen Ordnung begründet sei.

4. Der Beschluß des Verwaltungsgerichtshofes verletze sie ferner in ihrem in Art. 19 Abs. 4 GG verbürgten Grundrecht auf Gewährung effektiven Rechtsschutzes, soweit er das Vorliegen eines Anordnungsgrundes, also die Eilbedürftigkeit ihres Begehrens, verneine. Der gegenwärtige Zustand stelle eine tagtägliche, gravierende Grundrechtsverletzung dar, weil durch das Kreuzessymbol auf die geistige Entwicklung leicht beeinflußbarer schulpflichtiger Kinder eine tiefgreifende und nachhaltige Wirkung ausgeübt werde. Seien schon die bislang eingetretenen Folgen für die Entwicklung der Kinder schwer

korrigierbar, so bedeute die Verweisung auf das Hauptsacheverfahren im Ergebnis eine völlige Rechtsschutzverweigerung. Jedenfalls könne ihnen nicht angelastet werden, daß sie erst im Jahre 1991 Klage erhoben hätten. Nicht zuletzt im Interesse der Kinder hätten die Eltern immer wieder versucht, außergerichtlich eine gütliche Einigung mit den Schulbehörden zu erreichen, die dies jedoch jahrelang verzögert hätten. Diese Bemühungen könnten nun nicht in dem Sinne gegen sie gekehrt werden, daß es an der Eilbedürftigkeit fehle, weil sie zu lange gewartet hätten.

Im übrigen verstoße das Anbringen von Kreuzen in öffentlichen Schulen auch gegen die in Art. 9 Abs. 1 der Konvention zum Schutze der Menschenrechte und Grundfreiheiten (EMRK) garantierte Religionsfreiheit sowie gegen Art. 2 Satz 2 des Zusatzprotokolls zur Konvention vom 20. März 1952. Insofern verweisen die Beschwerdeführer auf ein Urteil des Schweizerischen Bundesgerichts vom 26. September 1990 (EuGRZ 1991, S. 89), in dem dieses Gericht einen Verstoß gegen die Konventionsnormen und die inhaltsgleichen Bestimmungen der Schweizerischen Bundesverfassung bejaht.

III.

1. Der Bayerische Ministerpräsident, der für die Bayerische Staatsregierung Stellung genommen hat, hält die Verfassungsbeschwerde für unbegründet. § 13 Abs. 1 Satz 3 VSO sei Ausfluß des in Art. 135 Satz 2 der Bayerischen Verfassung (BV) enthaltenen und vom Bundesverfassungsgericht (BVerfGE 41, 65) für verfassungsgemäß erachteten Gebots, daß die Schüler an den bayerischen Volksschulen nach den Grundsätzen der

christlichen Bekenntnisse zu unterrichten und erziehen seien. Darunter seien die Werte und Normen zu verstehen, die - vom Christentum maßgeblich geprägt - auch weitgehend zum Gemeingut des abendländischen Kulturkreises geworden seien. Mit der Anbringung von Schulkreuzen erziehe die bayerische Volksschule nach eben diesen Grundsätzen, ohne hierbei in theologische Fragen in einer Weise einzugreifen, die zur religiös-weltanschaulichen Neutralität des Staates in Widerspruch stünde. Daß andere Schüler sich in ihrer positiven Bekenntnisfreiheit angesprochen fühlen könnten, berühre die Rechte der Beschwerdeführer nicht. Eine missionierende Werbung durch das Kreuz finde im allgemeinen Unterricht nicht statt. Ebensowenig seien Rechte der Beschwerdeführer tangiert, wenn im Rahmen des Religionsunterrichts oder des Schulgebets das Kreuz im Unterrichtsraum seinen allgemeinen Symbolcharakter ablege und sich in ein spezifisches Glaubenssymbol wandele. Denn am Religionsunterricht müßten die Beschwerdeführer nicht teilnehmen, dem Schulgebet könnten sie in zumutbarer Weise ausweichen. Das Recht, ihre eigene Weltanschauung durchzusetzen, finde seine Grenze in der positiven Religionsfreiheit Dritter und dem sich daraus ergebenden Toleranzgebot. In Bayern habe die erforderliche Abstimmung zwischen den beiden eigenständigen Erziehungsrechten einerseits des Staates aus Art. 7 Abs. 1 GG, andererseits der Eltern aus Art. 6 Abs. 2 GG in besonders prägnanter Weise dadurch stattgefunden, daß das Staatsvolk im Wege eines Volksentscheids mehrheitlich für die in Art. 135 BV umrissene Gemeinschaftsschule christlicher Prägung votiert habe. Der von den Beschwerdeführern geforderte Schutz der religiösen Vorstellung einer Minderheit könne deshalb nicht ohne Rücksicht auf die durch dieses Votum mit Verfassungsrang ausgestattete Schulform bewertet werden. Die Präambel des Grundgesetzes spreche von der Verantwortung vor Gott. Nach dem vorrechtlichen Gesamtbild hätten die Verfassungsgeber dabei einen christlich-abendländischen Gottesbegriff vor Augen gehabt. Das Schulkreuz gehe nicht über diese Aussage hinaus, konkretisiere aber andererseits gerade diese Verantwortung, die der Grundgesetzgeber seinerzeit selbst empfunden habe.

2. Zum Standpunkt der katholischen Kirche hat das Sekretariat der Deutschen Bischofskonferenz eine Stellungnahme des Instituts für Staatskirchenrecht der Diözesen Deutschlands vorgelegt. Darin wird ausgeführt, daß religiöse Bezüge wie die hier beanstandeten in öffentlichen Gemeinschaftsschulen zulässig seien. Durch das Anbringen eines Wandkreuzes im Schulzimmer identifiziere sich der Staat keineswegs mit der christlichen Religion. Weder sei das Kreuz ein Unterrichtsmittel noch fordere § 13 Abs. 1 Satz 3 VSO eine inhaltliche Verbindung jedes Unterrichts mit dem Kreuz. Die Vorschrift stehe vielmehr im Zusammenhang mit der verfassungsrechtlich unbedenklichen Vorgabe, daß die Schule die Eltern bei der religiösen Erziehung der Kinder unterstütze und diese fördere; aus der Neutralitätspflicht des Staates folge nur, daß die Schule keine missionarische Schule sein und keine Verbindlichkeit christlicher Glaubensinhalte beanspruchen dürfe. Die Auffassung der Beschwerdeführer erweise sich demgegenüber als ein Plädoyer für eine laizistische oder religionslose Schule, aus der sämtliche religiösen Bezüge auszuschalten seien. Dabei werde verkannt, daß Art. 4 GG die nega-

tive wie die positive Äußerungsform der Religionsfreiheit gleichermaßen gegen staatliche Beeinträchtigungen schütze. Für den Besuch der Pflichtschule seien religiöse und weltanschauliche Vorstellungen von jeher relevant gewesen. Es sei aber faktisch unmöglich, allen religiös-weltanschaulichen Vorstellungen und Erziehungswünschen in der Schule Rechnung zu tragen. Die Schule müsse sich nicht darauf beschränken, in völlig neutraler Weise zu unterrichten; ihre Erziehung erstrecke sich auch auf die Vermittlung immaterieller Werte. Diese dürften in appellativer Form und durch Rückgriff auf historisch greifbare und geläufige Symbole und Ausdrucksformen vermittelt werden. Die negative Religionsfreiheit der Beschwerdeführer werde hier durch die positive Religionsfreiheit derjenigen Eltern, die eine christliche Erziehung ihrer Kinder wünschten, und durch das staatliche Schulorganisationsrecht begrenzt. Der säkulare Staat des Grundgesetzes unterwerfe sich dem Gebot der Nichtidentifikation, befleißige sich andererseits einer positiven und offenen Neutralität. Im engen Zusammenhang damit stehe das Toleranzgebot als weitere objektive Inhaltsbestimmung des Art. 4 GG. Die widerstreitenden Grundrechte seien im Sinne einer praktischen Konkordanz auszugleichen. Danach könnten die Beschwerdeführer zwar verlangen, daß auch an einer unter der Geltung des Art. 135 Satz 2 BV betriebenen Schule andere Religionen und Weltanschauungen nicht aus dem Schulleben verdrängt würden und daß ihrer Weltanschauung Toleranz im Sinne von Respekt und Achtung entgegengebracht werde. Sie könnten jedoch nicht beanspruchen, daß ihrer negativen Bekenntnisfreiheit zum Nachteil der Schüler, die in einem religiösen Bekenntnis erzogen werden und sich dazu bekennen wollen, der absolute Vorrang eingeräumt und deshalb kein Raum mehr für die Ausübung der positiven Bekenntnisfreiheit gelassen werde. Durch die Darstellung des Kreuzes als Symbol des konfessionsübergreifenden christlichen Glaubens würden die Beschwerdeführer zwar mit einem religiösen Weltbild konfrontiert, in dem die prägende Kraft christlicher Glaubensvorstellung bejaht werde. Dadurch würden sie aber nicht in einen verfassungsrechtlich unzumutbaren religiös-weltanschaulichen Konflikt gebracht. Sie würden nicht täglich zur Offenbarung ihrer ablehnenden Haltung gezwungen, vielmehr bleibe ihnen die Möglichkeit der rein passiven Nichtbeachtung.

3. Der Landeskirchenrat der Evangelisch-Lutherischen Kirche in Bayern verweist auf eine gutachtliche Stellungnahme des kirchenrechtlichen Instituts der Evangelischen Kirche in Deutschland. Darin wird zusammenfassend ausgeführt, daß der Staat gemäß Art. 7 Abs. 1 GG neben den Eltern einen eigenständigen und gleichberechtigten Erziehungsauftrag habe. Die christliche Gemeinschaftsschule gemäß Art. 135 BV sei verfassungsrechtlich nicht zu beanstanden, solange sie keine missionarische Schule sei und keine Verbindlichkeit christlicher Glaubensinhalte beanspruche. Das Kreuz im Klassenzimmer sei Symbol für die gemeinsamen Grundsätze der christlichen Bekenntnisse, nach denen die Schüler in den Volksschulen unterrichtet und erzogen würden. Das Kreuzesemblem sei nicht Ausdruck eines bestimmten konfessionellen Bekenntnisses und erst recht nicht Ausdruck eines christlichen Staates. Die negative Religionsfreiheit besitze keinen Vorrang vor der positiven Seite dieses Grundrechts. Die Neutralität des Staates im Rah-

men seines schulischen Erziehungsauftrages äußere sich darin, daß er im Geist der Toleranz und Rücksichtnahme auf andere die positive und negative Religionsfreiheit der Schüler und Eltern in der Schule zum Zuge kommen lasse. Da bei zumutbarer Ausgestaltung ein gemeinsam gesprochenes Schulgebet die negative Religionsfreiheit Dissentierender nicht beeinträchtige, gelte dieses erst recht für die Ausstattung eines Schulraums mit einem Kreuz. Anders als das Schulgebet fordere das Kreuzesemblem den einzelnen Schüler nicht zu einer Entscheidung im Sinne der Teilnahme oder Nichtteilnahme heraus.

4. Darüber hinaus haben sich die Humanistische Union e.V., der Bund für Geistesfreiheit Augsburg und die Freireligiöse Landesgemeinschaft Hessen zum vorliegenden Verfahren geäußert und unter anderem gutachtliche Stellungnahmen verschiedener Autoren vorgelegt, die die Auffassung der Beschwerdeführer unterstützen.

B.

Die Verfassungsbeschwerde ist zulässig.

Die Beschwerdeführer haben den Rechtsweg erschöpft (§ 90 Abs. 2 Satz 1 BVerfGG). Mit dem Beschluß des Verwaltungsgerichtshofs liegt eine das Verfahren des vorläufigen Rechtsschutzes abschließende letztinstanzliche Entscheidung vor. Allerdings kann der Grundsatz der Subsidiarität in solchen Fällen der Zulässigkeit der Verfassungsbeschwerde entgegenstehen, wenn Verfassungsverstöße gerügt werden, die sich nicht speziell auf das Eilverfahren beziehen, sondern Fragen aufwerfen, die sich genau so auch im Hauptsacheverfahren stellen, so daß letzteres geeignet ist, der behaupteten verfassungsrechtlichen Beschwer abzuhelfen (vgl. BVerfGE 77, 381 <401>; 80, 40 <45>). Andererseits darf der Beschwerdeführer aber nicht auf das Hauptsacheverfahren verwiesen werden, wenn die Verletzung von Grundrechten durch die Eilentscheidung selbst geltend gemacht wird oder wenn die Entscheidung von keiner weiteren tatsächlichen oder einfachrechtlichen Aufklärung abhängt und die Voraussetzungen gegeben sind, unter denen gemäß § 90 Abs. 2 Satz 2 BVerfGG vom Erfordernis der Rechtswegerschöpfung abgesehen werden kann (vgl. BVerfGE 79, 275 <279>).

Diese Voraussetzungen liegen hier vor. Soweit die Beschwerdeführer eine Verletzung von Art. 19 Abs. 4 GG durch die Verweigerung vorläufigen Rechtsschutzes geltend machen, erheben sie eine speziell das Eilverfahren betreffende Grundrechtsrüge. Hinsichtlich der anderen (materiellrechtlichen) Grundrechtsrügen bedarf es keiner weiteren tatsächlichen oder einfachrechtlichen Klärung. Insbesondere haben sich die Fachgerichte in den angegriffenen Entscheidungen umfassend mit den maßgeblichen Rechtsfragen auseinandergesetzt. Vom Hauptsacheverfahren ist kein zusätzlicher Ertrag zu erwarten. Auch ist es den Beschwerdeführern angesichts der fortschreitenden Zeit und des Fortgangs der Schulausbildung nicht zumutbar, auf den Abschluß des Hauptsacheverfahrens verwiesen zu werden.

Für die Zulässigkeit der Verfassungsbeschwerde kommt es nicht darauf an, ob die beschwerdeführenden Kinder noch die Volksschule besuchen (vgl. BVerfGE 41, 29 <43>).

C.

Die Verfassungsbeschwerde ist begründet. Soweit der Verwaltungsgerichtshof einen Anordnungsgrund verneint hat, verstößt seine Entscheidung gegen Art. 19 Abs. 4 GG (I.). Die Verneinung eines Anordnungsanspruchs ist mit Art. 4 Abs. 1 und Art. 6 Abs. 2 Satz 1 GG unvereinbar (II.).

I.

1. Art. 19 Abs. 4 GG eröffnet den Rechtsweg gegen jede behauptete Verletzung subjektiver Rechte durch ein Verhalten der öffentlichen Gewalt. Gewährleistet wird nicht nur das formelle Recht, die Gerichte anzurufen, sondern auch die Effektivität des Rechtsschutzes (vgl. BVerfGE 35, 263 <274>; 35, 382 <401 f.> m.w.N.). Wirksamer Rechtsschutz bedeutet auch Rechtsschutz innerhalb angemessener Zeit. Daraus folgt, daß gerichtlicher Rechtsschutz namentlich in Eilverfahren so weit wie möglich der Schaffung solcher vollendeter Tatsachen zuvorzukommen hat, die dann, wenn sich eine Maßnahme bei (endgültiger) richterlicher Prüfung als rechtswidrig erweist, nicht mehr rückgängig gemacht werden können (vgl. BVerfGE 37, 150 <153>; 65, 1 <70>). Hieraus ergeben sich für die Gerichte Anforderungen an die Auslegung und Anwendung der jeweiligen Gesetzesbestimmungen über den Eilrechtsschutz (vgl. BVerfGE 49, 220 <226>; 77, 275 <284>). So sind die Fachgerichte etwa bei der Auslegung und Anwendung des § 123 VwGO gehalten, vorläufigen Rechtsschutz zu gewähren, wenn sonst dem Antragsteller eine erhebliche, über Randbereiche hinausgehende Verletzung in seinen Rechten droht, die durch die Entscheidung in der Hauptsache nicht mehr beseitigt werden kann, es sei denn,

daß ausnahmsweise überwiegende, besonderes gewichtige Gründe entgegenstehen (vgl. BVerfGE 79, 69 <74 f.>).

2. Diesen Anforderungen genügt der Beschluß des Verwaltungsgerichtshofs nicht. Dieser verneint den für den Erlaß der begehrten einstweiligen Anordnung erforderlichen Anordnungsgrund, also die Eilbedürftigkeit der Sache, weil die Beschwerdeführer über Jahre hinweg mit der Anrufung der Gerichte gezögert und während dieser Zeit jedenfalls das Anbringen von Kreuzen statt der zunächst vorhandenen Kruzifixe hingenommen hätten. Es sei ihre Sache gewesen, mit der Schulverwaltung weiterhin nach einer für sie zumutbaren Übergangslösung in diesem Sinne zu suchen.

Mit dieser Begründung wird der Verwaltungsgerichtshof weder dem tatsächlichen Geschehensablauf noch der Bedeutung des Anliegens der Beschwerdeführer gerecht. Tatsächlich hatten die Beschwerdeführer seit der Einschulung ihres ältesten Kindes auf allen Ebenen der Schulverwaltung - von der örtlichen bis zur ministeriellen - ihr Begehren angebracht. Daß sie ursprünglich auf eine außergerichtliche Einigung hofften und dadurch Zeit verstrich, darf ihnen nicht zum Nachteil gereichen; ein solches zunächst auf Streitvermeidung ausgerichtetes Verhalten entspricht vielmehr dem einer vernünftigen Partei. Es kommt hinzu, daß die Beschwerdeführer einem Kompromiß zugestimmt hatten, der jedoch von der Schulverwaltung wiederholt bei Klassenzimmer- oder Schulwechseln der Kinder in Frage gestellt wurde. Ein endgültiges Zugeständnis in diesem Sinne hat ihnen die Schulverwaltung nicht gemacht.

Aus diesem Grunde wird auch die Auffassung des Verwaltungsgerichtshofs, die Beschwerdeführer hätten sich weiterhin um einen Kompromiß bemühen müssen, der Pflicht zur Gewährung effektiven Rechtsschutzes nicht gerecht. Es wäre vielmehr Sache des Gerichts gewesen auszuloten, ob die Schulverwaltung bereit war, durch eine Zusage auf der Linie der Kompromißlösung eine einstweilige Anordnung entbehrlich zu machen.

Bei der Beantwortung der Frage, ob ein Anordnungsgrund vorlag, hat der Verwaltungsgerichtshof ferner nicht hinreichend berücksichtigt, daß es um eine vorläufige Regelung im Rahmen eines aktuellen Schulverhältnisses, also um einen Lebenssachverhalt ging, in dem schon wegen seines zeitlichen Fortschreitens auf einen Schulabschluß hin (die Beschwerdeführerin zu 3) ist inzwischen 16 Jahre alt) gerichtlicher Rechtsschutz besonders eilbedürftig ist. Gerade Rechtsstreitigkeiten in Schulsachen werden oft nur im Rahmen des vorläufigen Rechtsschutzes ausgetragen, weil der Anspruch wegen des Zeitablaufs häufig im Hauptsacheverfahren nicht mehr durchgesetzt werden kann. Dem Bedürfnis nach wirksamem Rechtsschutz dürfen sich die Fachgerichte nicht dadurch entziehen, daß sie überspannte Anforderungen an das Vorliegen eines Anordnungsgrundes stellen.

II.

Die angegriffenen Entscheidungen verletzen ferner die Beschwerdeführer zu 1) und 2) in ihren Grundrechten aus Art. 4 Abs. 1 in Verbindung mit Art. 6 Abs. 2 Satz 1 GG und die Beschwerdeführer zu 3) bis 5) in ihren Grundrechten aus Art. 4 Abs. 1 GG. Sie beruhen auf § 13 Abs. 1 Satz 3 VSO, der seinerseits mit dem Grundgesetz unvereinbar und nichtig ist.

1. Art. 4 Abs. 1 GG schützt die Glaubensfreiheit. Die Entscheidung für oder gegen einen Glauben ist danach Sache des Einzelnen, nicht des Staates. Der Staat darf ihm einen Glauben oder eine Religion weder vorschreiben noch verbieten. Zur Glaubensfreiheit gehört aber nicht nur die Freiheit, einen Glauben zu haben, sondern auch die Freiheit, nach den eigenen Glaubensüberzeugungen zu leben und zu handeln (vgl. BVerfGE 32, 98 <106>). Insbesondere gewährleistet die Glaubensfreiheit die Teilnahme an den kultischen Handlungen, die ein Glaube vorschreibt oder in denen er Ausdruck findet. Dem entspricht umgekehrt die Freiheit, kultischen Handlungen eines nicht geteilten Glaubens fernzubleiben. Diese Freiheit bezieht sich ebenfalls auf die Symbole, in denen ein Glaube oder eine Religion sich darstellt. Art. 4 Abs. 1 GG überläßt es dem Einzelnen zu entscheiden, welche religiösen Symbole er anerkennt und verehrt und welche er ablehnt. Zwar hat er in einer Gesellschaft, die unterschiedlichen Glaubensüberzeugungen Raum gibt, kein Recht darauf, von fremden Glaubensbekundungen, kultischen Handlungen und religiösen Symbolen verschont zu bleiben. Davon zu unterscheiden ist aber eine vom Staat geschaffene Lage, in der der Einzelne ohne Ausweichmöglichkeiten dem Einfluß eines bestimmten Glaubens, den Handlungen, in denen dieser sich manifestiert, und den Symbolen, in denen er sich darstellt, ausgesetzt ist. Insofern entfaltet Art. 4 Abs. 1 GG seine freiheitssichernde Wirkung gerade in Lebensbereichen, die nicht der gesellschaftlichen Selbstorganisation überlassen, sondern vom Staat in Vorsorge genommen worden sind (vgl. BVerfGE 41, 29 <49>). Dem trägt auch Art. 140 GG in Verbindung mit Art. 136 Abs. 4 WRV dadurch

Rechnung, daß er ausdrücklich verbietet, jemanden zur Teilnahme an religiösen Übungen zu zwingen.

Art. 4 Abs. 1 GG beschränkt sich allerdings nicht darauf, dem Staat eine Einmischung in die Glaubensüberzeugungen, -handlungen und -darstellungen Einzelner oder religiöser Gemeinschaften zu verwehren. Er erlegt ihm vielmehr auch die Pflicht auf, ihnen einen Betätigungsraum zu sichern, in dem sich die Persönlichkeit auf weltanschaulich-religiösem Gebiet entfalten kann (vgl. BVerfGE 41, 29 <49>), und sie vor Angriffen oder Behinderungen von Anhängern anderer Glaubensrichtungen oder konkurrierender Religionsgruppen zu schützen. Art. 4 Abs. 1 GG verleiht dem Einzelnen und den religiösen Gemeinschaften aber grundsätzlich keinen Anspruch darauf, ihrer Glaubensüberzeugung mit staatlicher Unterstützung Ausdruck zu verleihen. Aus der Glaubensfreiheit des Art. 4 Abs. 1 GG folgt im Gegenteil der Grundsatz staatlicher Neutralität gegenüber den unterschiedlichen Religionen und Bekenntnissen. Der Staat, in dem Anhänger unterschiedlicher oder gar gegensätzlicher religiöser und weltanschaulicher Überzeugungen zusammenleben, kann die friedliche Koexistenz nur gewährleisten, wenn er selber in Glaubensfragen Neutralität bewahrt. Er darf daher den religiösen Frieden in einer Gesellschaft nicht von sich aus gefährden. Dieses Gebot findet seine Grundlage nicht nur in Art. 4 Abs. 1 GG, sondern auch in Art. 3 Abs. 3, Art. 33 Abs. 1 sowie Art. 140 GG in Verbindung mit Art. 136 Abs. 1 und 4 und Art. 137 Abs. 1 WRV. Sie verwehren die Einführung staatskirchlicher Rechtsformen und untersagen die Privilegierung bestimmter Bekenntnisse ebenso wie die Ausgrenzung Andersgläubiger (vgl. BVerfGE 19,

206 <216>; 24, 236 <246>; 33, 23 <28>; st. Rspr.). Auf die zahlenmäßige Stärke oder die soziale Relevanz kommt es dabei nicht an (vgl. BVerfGE 32, 98 <106>). Der Staat hat vielmehr auf eine am Gleichheitssatz orientierte Behandlung der verschiedenen Religions- und Weltanschauungsgemeinschaften zu achten (vgl. BVerfGE 19, 1 <8>; 19, 206 <216>; 24, 236 <246>). Auch dort, wo er mit ihnen zusammenarbeitet oder sie fördert, darf dies nicht zu einer Identifikation mit bestimmten Religionsgemeinschaften führen (vgl. BVerfGE 30, 415 <422>).

Im Verein mit Art. 6 Abs. 2 Satz 1 GG, der den Eltern die Pflege und Erziehung ihrer Kinder als natürliches Recht garantiert, umfaßt Art. 4 Abs. 1 GG auch das Recht zur Kindererziehung in religiöser und weltanschaulicher Hinsicht. Es ist Sache der Eltern, ihren Kindern diejenigen Überzeugungen in Glaubens- und Weltanschauungsfragen zu vermitteln, die sie für richtig halten (vgl. BVerfGE 41, 29 <44, 47 f.>). Dem entspricht das Recht, die Kinder von Glaubensüberzeugungen fernzuhalten, die den Eltern falsch oder schädlich erscheinen.

2. In dieses Grundrecht greifen § 13 Abs. 1 Satz 3 VSO sowie die angegriffenen Entscheidungen, die sich auf diese Vorschrift stützen, ein.

a) § 13 Abs. 1 Satz 3 VSO schreibt die Anbringung von Kreuzen in sämtlichen Klassenzimmern der bayerischen Volksschulen vor. Der Begriff des Kreuzes umfaßt nach der Auslegung durch die Gerichte des Ausgangsverfahrens Kreuze mit und ohne Korpus. In die Nachprüfung der Norm sind daher beide Bedeutungen einzubeziehen. Die Beschwerdeführer haben zwar in ihrem Antrag auf vorläufigen Rechtsschutz dem Wortlaut nach nur die Entfernung von Kruzifixen begehrt. Der Verwaltungsgerichtshof hat jedoch ausdrücklich unterstellt, daß damit auch Kreuze ohne Korpus gemeint sein könnten, und den Antrag auch in dieser weitergehenden Bedeutung abgelehnt.

Zusammen mit der allgemeinen Schulpflicht führen Kreuze in Unterrichtsräumen dazu, daß die Schüler während des Unterrichts von Staats wegen und ohne Ausweichmöglichkeit mit diesem Symbol konfrontiert sind und gezwungen werden, "unter dem Kreuz" zu lernen. Dadurch unterscheidet sich die Anbringung von Kreuzen in Klassenzimmern von der im Alltagsleben häufig auftretenden Konfrontation mit religiösen Symbolen der verschiedensten Glaubensrichtungen. Zum einen geht diese nicht vom Staat aus, sondern ist eine Folge der Verbreitung unterschiedlicher Glaubensüberzeugungen und Religionsgemeinschaften in der Gesellschaft. Zum anderen besitzt sie nicht denselben Grad von Unausweichlichkeit. Zwar hat es der Einzelne nicht in der Hand, ob er im Straßenbild, in öffentlichen Verkehrsmitteln oder beim Betreten von Gebäuden religiösen Symbolen oder Manifestationen begegnet. Es handelt sich in der Regel jedoch um ein flüchtiges Zusammentreffen, und selbst bei längerer Konfrontation beruht diese nicht auf einem notfalls mit Sanktionen durchsetzbaren Zwang.

Nach Dauer und Intensität ist die Wirkung von Kreuzen in Unterrichtsräumen noch größer als diejenige von Kreuzen in Gerichtssälen. Schon in dem Zwang, entgegen den eigenen religiösen oder weltanschaulichen Überzeugungen einen Rechtsstreit unter dem Kreuz zu führen, hat das Bundesverfassungsgericht aber einen Eingriff in die Glaubensfreiheit eines jüdischen Prozeßbeteiligten gesehen, der darin eine Identifikation des Staates mit dem christlichen Glauben erblickte (vgl. BVerfGE 35, 366 <375>).

Die Unvermeidbarkeit der Begegnung mit dem Kreuz in Schulräumen wird auch nicht durch die in Art. 7 Abs. 4 GG zugelassene Errichtung privater Schulen beseitigt. Zum einen ist gerade die Errichtung privater Volksschulen in Art. 7 Abs. 5 GG an besonders strenge Voraussetzungen geknüpft. Zum anderen wird, da diese Schulen sich in aller Regel über Schulgeld finanzieren, das von den Eltern aufzubringen ist, einem großen Teil der Bevölkerung die Möglichkeit fehlen, auf solche Schulen auszuweichen. So verhält es sich auch im Fall der Beschwerdeführer.

b) Das Kreuz ist Symbol einer bestimmten religiösen Überzeugung und nicht etwa nur Ausdruck der vom Christentum mitgeprägten abendländischen Kultur.

Zwar sind über die Jahrhunderte zahlreiche christliche Traditionen in die allgemeinen kulturellen Grundlagen der Gesellschaft eingegangen, denen sich auch Gegner des Christentums und Kritiker seines historischen Erbes nicht entziehen können. Von diesen müssen aber die spezifischen Glaubensinhalte der christlichen Religion oder gar einer bestimmten christlichen Konfession einschließlich ihrer rituellen Vergegenwärtigung und symbolischen Darstellung unterschieden werden. Ein staatliches Bekenntnis zu diesen Glaubensinhalten, dem auch Dritte bei Kontakten mit dem Staat ausgesetzt werden, berührt die Religionsfreiheit. Davon ist das Bundesverfassungsgericht schon in der Entscheidung über die Verfassungsmäßigkeit der Simultanschulen mit christlichem Charakter im überlieferten badischen Sinne ausgegangen, als es feststellte, daß die zulässige Bejahung des Christentums sich in erster Linie auf die Anerkennung des prägenden Kultur- und Bildungsfaktors bezieht, wie er sich in der abendländischen Geschichte herausgebildet hat, nicht dagegen auf die Glaubenswahrheiten der christlichen Religion. Nur bei einer solchen Begrenzung ist diese Bejahung auch gegenüber dem Nichtchristen durch das Fortwirken geschichtlicher Gegebenheiten legitimiert (vgl. BVerfGE 41, 29 <52>).

Das Kreuz gehört nach wie vor zu den spezifischen Glaubenssymbolen des Christentums. Es ist geradezu sein Glaubenssymbol schlechthin. Es versinnbildlicht die im Opfertod Christi vollzogene Erlösung des Menschen von der Erbschuld, zugleich aber auch den Sieg Christi über Satan und Tod und seine Herrschaft über die Welt, Leiden und Triumph in einem (vgl. das Stichwort "Kreuz" in: Höfer/Rahner <Hrsg.>, Lexikon für Theologie und Kirche, 2. Aufl. 1961, Bd. 6, Sp. 605 ff.; Fahlbusch u.a. <Hrsg.>, Evangelisches Kirchenlexikon, 3. Aufl. 1989, Bd. 2 Sp. 1462 ff.). Für den gläubigen Christen ist es deswegen in vielfacher Weise Gegenstand der Verehrung und der Frömmigkeitsübung. Die Ausstattung eines Gebäudes oder eines Raums mit einem Kreuz wird bis heute als gesteigertes Bekenntnis des Besitzers zum christlichen Glauben verstanden. Für den Nichtchristen oder den Atheisten wird das Kreuz gerade wegen der Bedeutung, die ihm das Christentum beilegt und die es in der Geschichte gehabt hat, zum sinnbildlichen Ausdruck bestimmter Glaubensüberzeugungen und zum Symbol ihrer missionarischen Ausbreitung. Es wäre eine dem Selbstverständnis des Christentums und der christlichen Kirchen zuwiderlaufende Profanisierung des Kreuzes, wenn man es, wie in den angegriffenen Entscheidungen, als bloßen Ausdruck abendländischer Tradition oder als kultisches Zeichen ohne spezifischen Glaubensbezug ansehen wollte. Der religiöse Bezug des Kreuzes wird auch aus dem Zusammenhang des § 13 Abs. 1 VSO deutlich.

c) Dem Kreuz kann auch die Einwirkung auf die Schüler nicht abgesprochen werden, wie das die angegriffenen Entscheidungen tun.

Zwar ist es richtig, daß mit der Anbringung des Kreuzes in Klassenzimmern kein Zwang zur Identifikation oder zu bestimmten Ehrbezeugungen und Verhaltensweisen einhergeht. Ebensowenig folgt daraus, daß der Sachunterricht in den profanen Fächern von dem Kreuz geprägt oder an den von ihm symbolisierten Glaubenswahrheiten und Verhaltensanforderungen ausgerichtet wird. Darin erschöpfen sich die Einwirkungsmöglichkeiten des Kreuzes aber nicht. Die schulische Erziehung dient nicht nur der Erlernung der grundlegenden Kulturtechniken und der Entwicklung kognitiver Fähigkeiten. Sie soll auch die emotionalen und affektiven Anlagen der Schüler zur Entfaltung bringen. Das Schulgeschehen ist darauf angelegt, ihre Persönlichkeitsentwicklung umfassend zu fördern und inbesondere auch das Sozialverhalten zu beeinflussen. In diesem Zusammenhang gewinnt das Kreuz im Klassenzimmer seine Bedeutung. Es hat appellativen Charakter und weist die von ihm symbolisierten Glaubensinhalte als vorbildhaft und befolgungswürdig aus. Das geschieht überdies gegenüber Personen, die aufgrund ihrer Jugend in ihren Anschauungen noch nicht gefestigt sind, Kritikvermögen und Ausbildung eigener Standpunkte erst erlernen sollen und daher einer mentalen Beeinflussung besonders leicht zugänglich sind (vgl. BVerfGE 52, 223 <249>).

Auch die angegriffenen Entscheidungen stellen den appellativen Charakter des Kreuzes nicht völlig in Abrede. Zwar sprechen sie ihm gegenüber den andersdenkenden Schülern eine spezifisch christliche Bedeutung ab. Für die christlichen Schüler sehen sie in ihm aber einen wesentlichen Ausdruck von deren religiöser Überzeugung. Ähnlich meint der Bayerische Ministerpräsident, das Kreuz habe im allgemeinen Unterricht nur einen unspezifischen Symbolwert, während es sich beim Schulgebet und im Religionsunterricht in ein spezifisches Glaubenssymbol verwandele.

3. Das Grundrecht der Glaubensfreiheit ist vorbehaltlos gewährleistet. Das bedeutet aber nicht, daß es keinerlei Einschränkungen zugänglich wäre. Diese müssen sich jedoch aus der Verfassung selbst ergeben. Eine Errichtung von Schranken, die nicht bereits in der Verfassung angelegt sind, steht dem Gesetzgeber nicht zu. Verfassungsrechtliche Gründe, die den Eingriff zu rechtfertigen vermöchten, sind hier aber nicht vorhanden.

a) Aus Art. 7 Abs. 1 GG ergibt sich eine solche Rechtfertigung nicht.

Allerdings erteilt Art. 7 Abs. 1 GG dem Staat einen Erziehungsauftrag (vgl. BVerfGE 34, 165 <181>). Er hat nicht nur das Schulwesen zu organisieren und selbst Schulen zu errichten, sondern darf auch die Erziehungsziele und Ausbildungsgänge festlegen. Dabei ist er von den Eltern unabhängig (vgl. BVerfGE 34, 165 <182>; 47, 46 <71 f.>). Deswegen können nicht nur schulische und familiäre Erziehung in Konflikt geraten.

Es ist vielmehr auch unvermeidbar, daß in der Schule die unterschiedlichen religiösen und weltanschaulichen Überzeugungen der Schüler und ihrer Eltern besonders intensiv aufeinander treffen.

Dieser Konflikt zwischen verschiedenen Trägern eines vorbehaltlos gewährleisteten Grundrechts sowie zwischen diesem Grundrecht und anderen verfassungsrechtlich geschützten Gütern ist nach dem Grundsatz praktischer Konkordanz zu lösen, der fordert, daß nicht eine der widerstreitenden Rechtspositionen bevorzugt und maximal behauptet wird, sondern alle einen möglichst schonenden Ausgleich erfahren (vgl. BVerfGE 28, 243 <260 f.>; 41, 29 <50>; 52, 223 <247, 251>).

Ein solcher Ausgleich verlangt vom Staat nicht, daß er bei der Erfüllung des von Art. 7 Abs. 1 GG erteilten Erziehungsauftrags auf religiös-weltanschauliche Bezüge völlig verzichtet. Auch ein Staat, der die Glaubensfreiheit umfassend gewährleistet und sich damit selber zu religiös-weltanschaulicher Neutralität verpflichtet, kann die kulturell vermittelten und historisch verwurzelten Wertüberzeugungen und Einstellungen nicht abstreifen, auf denen der gesellschaftliche Zusammenhalt beruht und von denen auch die Erfüllung seiner eigenen Aufgaben abhängt. Der christliche Glaube und die christlichen Kirchen sind dabei, wie immer man ihr Erbe heute beurteilen mag, von überragender Prägekraft gewesen. Die darauf zurückgehenden Denktraditionen, Sinnerfahrungen und Verhaltensmuster können dem Staat nicht gleichgültig sein. Das gilt in besonderem Maß für die Schule, in der die kulturellen Grundlagen der Gesellschaft vornehmlich tradiert und erneuert werden. Überdies darf der Staat, der die Eltern verpflichtet, ihre Kinder in die staatliche Schule zu schicken, auf die Religionsfreiheit derjenigen Eltern Rücksicht nehmen, die eine religiös geprägte Erziehung wünschen. Das Grundgesetz hat das anerkannt, indem es in Art. 7 Abs. 5 GG staatliche Weltanschauungs- oder Bekenntnisschulen gestattet, Religionsunterricht als ordentliches Lehrfach vorsieht (Art. 7 Abs. 3 GG) und darüber hinaus Raum für aktive Betätigung der Glaubensüberzeugung läßt (vgl. BVerfGE 41, 29 <49>; 52, 223 <240 f.>).

Allerdings ist es in einer pluralistischen Gesellschaft unmöglich, bei der Gestaltung der öffentlichen Pflichtschule allen Erziehungsvorstellungen voll Rechnung zu tragen. Insbesondere lassen sich die negative und die positive Seite der Religionsfreiheit nicht problemlos in ein und derselben staatlichen Institution verwirklichen. Daraus folgt, daß sich der Einzelne im Rahmen der Schule nicht uneingeschränkt auf Art. 4 Abs. 1 GG berufen kann.

Das unvermeidliche Spannungsverhältnis zwischen negativer und positiver Religionsfreiheit unter Berücksichtigung des Toleranzgebotes zu lösen, obliegt dem Landesgesetzgeber, der im öffentlichen Willensbildungsprozeß einen für alle zumutbaren Kompromiß zu suchen hat. Er kann sich bei seiner Regelung daran orientieren, daß einerseits Art. 7 GG im Bereich des Schulwesens religiös-weltanschauliche Einflüsse zuläßt, andererseits Art. 4 GG gebietet, bei der Entscheidung für eine bestimmte Schulform religiös-weltanschauliche Zwänge so weit wie irgend möglich auszuschalten. Beide Vorschriften sind zusammen zu sehen und in der Interpretation aufeinander abzustimmen, weil erst die Konkordanz der in den beiden Artikeln geschützten Rechtsgüter der Entscheidung des Grundgesetzes gerecht wird (vgl. BVerfGE 41, 29 <50 f.>).

Das Bundesverfassungsgericht hat daraus den Schluß gezogen, daß dem Landesgesetzgeber die Einführung christlicher Bezüge bei der Gestaltung der öffentlichen Volksschulen nicht schlechthin verboten ist, mögen auch Erziehungsberechtigte, die bei der Erziehung ihrer Kinder dieser Schule nicht ausweichen können, keine religiöse Erziehung wünschen. Voraussetzung ist jedoch, daß damit nur das unerläßliche Minimum an Zwangselementen verbunden ist. Das bedeutet insbesondere, daß die Schule ihre Aufgabe im religiös-weltanschaulichen Bereich nicht missionarisch auffassen und keine Verbindlichkeit für christliche Glaubensinhalte beanspruchen darf. Die Bejahung des Christentums bezieht sich insofern auf die Anerkennung des prägenden Kultur- und Bildungsfaktors, nicht auf bestimmte Glaubenswahrheiten. Zum Christentum als Kulturfaktor gehört gerade auch der Gedanke der Toleranz für Andersdenkende. Deren Konfrontation mit einem christlich geprägten Weltbild führt jedenfalls so lange nicht zu einer diskriminierenden Abwertung nichtchristlicher Weltanschauungen, als es nicht um Glaubensvermittlung, sondern um das Bestreben nach Verwirklichung der autonomen Persönlichkeit im religiös-weltanschaulichen Bereich gemäß der Grundentscheidung des Art. 4 GG geht (vgl. BVerfGE 41, 29 <51 f.>; 41, 65 <85 f.>). Das Bundesverfassungsgericht hat deshalb die Regelung über die christliche Gemeinschaftsschule in Art. 135 Satz 2 der Bayerischen Verfassung nur aufgrund einer verfassungskonformen Auslegung für mit dem Grundgesetz vereinbar erklärt (vgl. BVerfGE 41, 65 <66 und 79 ff.>) und in bezug auf die Simultanschule mit christlichem Charakter im überlieferten badischen Sinne betont, daß es sich nicht um eine bikonfessionelle Schule handele (vgl. BVerfGE 41, 29 <62>).

Die Anbringung von Kreuzen in Klassenzimmern überschreitet die danach gezogene Grenze religiös-weltanschaulicher Ausrichtung der Schule. Wie bereits festgestellt, kann das Kreuz nicht seines spezifischen Bezugs auf die Glaubensinhalte des Christentums entkleidet und auf ein allgemeines Zeichen abendländischer Kulturtradition reduziert werden. Es symbolisiert den wesentlichen Kern der christlichen Glaubensüberzeugung, die zwar insbesondere die westliche Welt in vielfacher Weise geformt hat, aber keineswegs von allen Gesellschaftsgliedern geteilt, sondern von vielen in Ausübung ihres Grundrechts aus Art. 4 Abs. 1 GG abgelehnt wird. Seine Anbringung in der staatlichen Pflichtschule ist daher mit Art. 4 Abs. 1 GG unvereinbar, soweit es sich nicht um christliche Bekenntnisschulen handelt.

b) Die Anbringung des Kreuzes rechtfertigt sich auch nicht aus der positiven Glaubensfreiheit der Eltern und Schüler christlichen Glaubens. Die positive Glaubensfreiheit kommt allen Eltern und Schülern gleichermaßen zu, nicht nur den christlichen. Der daraus entstehende Konflikt läßt sich nicht nach dem Mehrheitsprinzip lösen, denn gerade das Grundrecht der Glaubensfreiheit bezweckt in besonderem Maße den Schutz von Minderheiten. Überdies verleiht Art. 4 Abs. 1 GG den Grundrechtsträgern nicht uneingeschränkt einen Anspruch darauf, ihre Glaubensüberzeugung im Rahmen staatlicher Institutionen zu betätigen. Soweit die Schule im Einklang mit der Verfassung dafür Raum läßt wie beim Religionsunterricht, beim

Schulgebet und anderen religiösen Veranstaltungen, müssen diese vom Prinzip der Freiwilligkeit geprägt sein und Andersdenkenden zumutbare, nicht diskriminierende Ausweichmöglichkeiten lassen. Das ist bei der Anbringung von Kreuzen in Klassenzimmern, deren Präsenz und Anforderung sich der Andersdenkende nicht entziehen kann, nicht der Fall. Schließlich wäre es mit dem Gebot praktischer Konkordanz nicht vereinbar, die Empfindungen Andersdenkender völlig zurückzudrängen, damit die Schüler christlichen Glaubens über den Religionsunterricht und freiwillige Andachten hinaus auch in den profanen Fächern unter dem Symbol ihres Glaubens lernen können.

D.

Danach ist die dem Streitfall zugrunde liegende Vorschrift des § 13 Abs. 1 Satz 3 VSO mit den genannten Grundrechten unvereinbar und für nichtig zu erklären. Die angegriffenen Entscheidungen des vorläufigen Rechtsschutzverfahrens sind aufzuheben. Da das Hauptsacheverfahren inzwischen beim Bayerischen Verwaltungsgerichtshof anhängig ist, wird die Sache an ihn zurückverwiesen (§ 95 Abs. 2 BVerfGG). Die Anordnung der Kostenerstattung beruht auf § 34 a Abs. 2 BVerfGG.

Henschel Seidl Grimm

Söllner Kühling Seibert

Jaeger Haas

Abweichende Meinung

der Richter Seidl und Söllner und der Richterin Haas

zum Beschluß des Ersten Senats vom 16. Mai 1995

- 1 BvR 1087/91 -

Die Auffassung der Senatsmehrheit, § 13 Abs. 1 Satz 3 der Schulordnung für die Volksschulen in Bayern, wonach in jedem Klassenzimmer ein Kreuz anzubringen ist, verstoße gegen das Grundgesetz, wird von uns nicht geteilt. Die mit der Verfassungsbeschwerde angegriffenen Gerichtsentscheidungen verletzen die Beschwerdeführer nicht in ihren Grundrechten aus Art. 4 Abs. 1 und Art. 4 Abs. 1 in Verbindung mit Art. 6 Abs. 2 Satz 1 GG.

I.

1. Nach Art. 7 Abs. 1 GG steht das gesamte Schulwesen unter der Aufsicht des Staates. Die Errichtung und das Betreiben von Volksschulen ist, wie sich aus Art. 7 Abs. 5 GG ergibt, der die Zulassung privater Volksschulen an besonders strenge Voraussetzungen knüpft, grundsätzlich Sache des Staates selbst. Der Staat hat insoweit einen eigenen Erziehungsauftrag und damit auch die Befugnis, Erziehungsziele festzulegen (vgl. BVerfGE 52, 223 <236>).

Das Grundgesetz weist jedoch das Schulrecht *ausschließlich* dem Hoheitsbereich der *Länder* zu. Das Schulrecht ist in den Zuständigkeitskatalogen der Art. 73 ff. GG nicht aufgeführt. Der Bund hat also für diesen Gegenstand - im Gegensatz zur Verfassungsordnung der Weimarer Republik, die auf dem Gebiete des Schulwesens gemäß Art. 10 Nr. 2 WRV dem Reich das Recht zur Grundsatzgesetzgebung zuerkannte - keine Gesetzgebungsbefugnis (Art. 70 ff. GG) und keine Verwaltungshoheit (Art. 30 GG). Die Entstehungsgeschichte des Art. 7 GG zeigt, daß eine weitgehende Selbständigkeit der Länder in bezug auf die weltanschaulich-religiöse Ausprägung der öffentlichen Schulen beabsichtigt war. Hier setzte sich das föderalistische Prinzip durch. Anträge, die ein weitergehendes Elternrecht ("konfessionelles Elternrecht") und eine grundgesetzliche Sicherstellung der Bekenntnisschulen erstrebten, wurden bereits in den Vorberatungen zu Art. 7 GG abgelehnt. Wiederholt wurde betont, die Länder dürften in ihrer Zuständigkeit, die schulpolitischen Fragen zu regeln, nicht geschmälert werden (vgl. hierzu ausführlich BVerfGE 6, 309 <356> m.w.N.; ferner BVerfGE 41, 29 <45>).

2. Die verfassungsrechtliche Beurteilung der mit der Verfassungsbeschwerde aufgeworfenen Fragen muß danach von den Gegebenheiten des Freistaates Bayern ausgehen und darf nicht die Verhältnisse, die in anderen Ländern der Bundesrepublik gegeben sein mögen, zum Ausgangspunkt nehmen.

Die Verfassung des Freistaates Bayern vom 2. Dezember 1946 (BV) enthält in ihrem Abschnitt über Bildung und Schule folgende Bestimmung über die in allen Schulen zu verfolgenden Bildungsziele:

Art. 131

(1) ...

(2) Oberste Bildungsziele sind Ehrfurcht vor Gott, Achtung vor religiöser Überzeugung und vor der Würde des Menschen, Selbstbeherrschung, Verantwortungsgefühl und Verantwortungsfreudigkeit, Hilfsbereitschaft, Aufgeschlossenheit für alles Wahre, Gute und Schöne und Verantwortungsbewußtsein für Natur und Umwelt.

(3 - 4) ...

Während das Bildungsziel "Verantwortungsbewußtsein für Natur und Umwelt" erst durch das Fünfte Gesetz zur Änderung der Verfassung des Freistaates Bayern vom 20. Juni 1984 (GVBl S. 223) hinzugefügt worden ist, bestehen die anderen Bildungsziele unverändert seit dem Inkrafttreten der Bayerischen Landesverfassung.

Für das Volksschulwesen sah Art. 135 BV ursprünglich Bekenntnis- oder Gemeinschaftsschulen mit einem Vorrang der Bekenntnisschule vor. Aufgrund der schulpolitischen Entwicklung (vgl. hierzu BVerfGE 41, 65 <79 ff.>) wurde diese Verfassungsbestimmung im Wege des Volksentscheids durch das Gesetz zur Änderung des Art. 135 der Verfassung des Freistaates Bayern vom 22. Juli 1968 (GVBl S. 235) geändert. Sie lautet seitdem wie folgt:

Art. 135

> Die öffentlichen Volksschulen sind gemeinsame Schulen für alle volksschulpflichtigen Kinder. In ihnen werden die Schüler nach den Grundsätzen der christlichen Bekenntnisse unterrichtet und erzogen. Das Nähere bestimmt das Volksschulgesetz.

In Art. 135 Satz 2 BV n.F. muß das Christentum nicht in einem konfessionellen Sinne verstanden werden. Die Grundsätze der christlichen Bekenntnisse im Sinne dieser Vorschrift umfassen vielmehr die Werte, die den christlichen Bekenntnissen gemeinsam sind, und die ethischen Normen, die daraus abgeleitet werden (vgl. BVerfGE 41, 65 <84>). Es handelt sich um Werte und Normen, die, vom Christentum maßgeblich geprägt, weitgehend zum Gemeingut des abendländischen Kulturkreises geworden sind. In Anwendung dieser Prinzipien sollen die Schüler zu den in Art. 131 Abs. 2 BV beschriebenen Bildungszielen hingeführt werden. Ein durch spezifisch christliche Glaubensinhalte geprägtes Erziehungsziel ist hingegen in der Bayerischen Verfassung nicht niedergelegt (vgl. BVerfG, a.a.O., S. 84 f.). Die Bejahung des Christentums bezieht sich nicht auf die Glaubensinhalte, sondern auf die Anerkennung des prägenden Kultur- und Bildungsfaktors und ist damit auch gegenüber Nichtchristen durch die Geschichte des abendländischen Kulturkreises gerechtfertigt (vgl. BVerfGE 41, 29 <64>).

Nach Maßgabe dieser Erwägungen bestehen gegen den auf Art. 135 Satz 2 BV beruhenden Schultyp der christlichen

Gemeinschaftsschule keine verfassungsrechtlichen Bedenken (vgl. BVerfGE 41, 65 <79 ff.>).

3. Den Bundesländern als den Trägern des Volksschulwesens obliegt es gemäß Art. 7 Abs. 1 und 5 GG, die erforderlichen Bestimmungen über die Organisation der Volksschulen zu erlassen. Dem jeweiligen Landesgesetzgeber steht dabei ein weiter Gestaltungsspielraum zu. Die Regelung des § 13 Abs. 1 Satz 3 der Schulordnung für die Volksschulen in Bayern, wonach in jedem Klassenzimmer ein Kreuz anzubringen ist, überschreitet die Grenzen dieses Spielraums nicht. Da der Landesgesetzgeber in verfassungsrechtlich unbedenklicher Weise den Schultyp der christlichen Gemeinschaftsschule einführen darf, kann es ihm nicht verwehrt sein, die Wertvorstellungen, die diesen Schultyp prägen, in den Unterrichtsräumen durch das Kreuz zu symbolisieren.

a) Die Vorschrift des § 13 Abs. 1 Satz 3 der Volksschulordnung ist Teil der organisatorischen Ausgestaltung der christlichen Gemeinschaftsschule. Durch das Kreuz im Klassenzimmer werden die in dieser Schulform zu vermittelnden überkonfessionellen christlich-abendländischen Werte und ethischen Normen den Lehrern und Schülern sinnbildlich vor Augen geführt. Bei dem Erlaß dieser Vorschrift durfte der Landesgesetzgeber der Tatsache Rechnung tragen, daß die Mehrzahl der in seinem Gebiet lebenden Staatsbürger einer christlichen Kirche angehört (vgl. BVerfGE 41, 29 <50 f., 60>). Er konnte ferner davon ausgehen, daß die Anbringung eines Kreuzes im Klassenzimmer wegen dessen Symbolcharakters für die überkonfessionellen christlich-abendländischen Werte und ethischen Normen auch von einem Großteil der einer Kirche fernstehenden Personen begrüßt oder wenigstens respektiert würde. Dafür spricht nicht zuletzt, daß die Bestimmungen der Bayerischen Verfassung über die christliche Gemeinschaftsschule die Zustimmung der Bevölkerungsmehrheit (vgl. BVerfGE 41, 65 <67>) gefunden haben.

b) Der Staat, der mit der Schulpflicht tief in die Erziehung der Kinder durch das Elternhaus eingreift, ist weitgehend auf die Akzeptanz des von ihm organisierten Schulwesens durch die Eltern angewiesen. Es ist ihm daher nicht verwehrt, die Übereinstimmung von Schule und Elternhaus in grundlegenden Wertanschauungen soweit als möglich aufrechtzuerhalten (vgl. BVerfGE 41, 29 <60>; 41, 65 <87>). Dazu kann auch die Anbringung von Kreuzen in Unterrichtsräumen beitragen, die in Bayern im übrigen einer langen Tradition entspricht, die nur in der Zeit des Nationalsozialismus auf Widerstand gestoßen ist.

4. Durch das Anbringen von Kreuzen in Unterrichtsräumen wird die Pflicht des Staates zu weltanschaulich-religiöser Neutralität nicht verletzt. Unter der Geltung des Grundgesetzes darf das Gebot der weltanschaulich-religiösen Neutralität nicht als eine Verpflichtung des Staates zur Indifferenz oder zum Laizismus verstanden werden. Durch die Verweisung auf die Kirchenartikel der Weimarer Reichsverfassung in Art. 140 GG ist das Neutralitätsgebot im Sinne einer Zusammenarbeit des Staates mit den Kirchen und Religionsgesellschaften, die auch deren Förderung durch den Staat einschließt, ausgestaltet worden.

In den Entscheidungen über die verfassungsrechtliche Zulässigkeit christlicher Gemeinschaftsschulen hat das Bundesverfassungsgericht im Zusammenhang mit dem Neutralitätsgebot ausgesprochen, daß die Schule, soweit sie auf die Glaubens- und Gewissensentscheidungen der Kinder Einfluß nehmen kann, nur das Minimum an Zwangselementen enthalten darf. Ferner darf sie keine missionarische Schule sein und keine Verbindlichkeit christlicher Glaubensinhalte beanspruchen; sie muß auch für andere weltanschauliche und religiöse Inhalte und Werte offen sein (vgl. BVerfGE 41, 29 <51>; 41, 65 <78>).

Die von der Senatsmehrheit für verfassungswidrig gehaltene Regelung des § 13 Abs. 1 Satz 3 der bayerischen Schulordnung für die Volksschulen genügt allen diesen Erfordernissen: Das bloße Vorhandensein eines Kreuzes im Klassenzimmer zwingt die Schüler nicht zu besonderen Verhaltensweisen und macht die Schule nicht zu einer missionarischen Veranstaltung. Das Kreuz verändert auch den Charakter der christlichen Gemeinschaftsschule nicht, sondern ist als ein den christlichen Konfessionen gemeinsames Symbol in besonderer Weise geeignet, als Sinnbild für die verfassungsrechtlich zulässigen Bildungsinhalte dieser Schulform zu dienen. Das Anbringen eines Kreuzes im Klassenzimmer schließt die Berücksichtigung anderer weltanschaulich-religiöser Inhalte und Werte im Unterricht nicht aus. Die Gestaltung des Unterrichts unterliegt zudem dem Gebot des Art. 136 Abs. 1 BV, wonach an allen Schulen die religiösen Empfindungen aller zu achten sind.

II.

Entgegen der Auffassung der Senatsmehrheit werden die Beschwerdeführer durch das Vorhandensein von Kreuzen in den Unterrichtsräumen nicht in ihrer Religionsfreiheit (Art. 4 Abs. 1 GG und Art. 4 Abs. 1 i.V.m. Art. 6 Abs. 2 Satz 1 GG) verletzt.

1. Mit der Schulpflicht und der Übernahme des Volksschulwesens in seine eigene Verantwortung hat der Staat einen für die Erziehung der Jugend maßgeblichen Lebensbereich voll in seine Obhut genommen. Das hat zur Folge, daß er hier Raum geben muß für die Entfaltung der Freiheitsrechte. Diese können zwar im Hinblick auf den legitimen Zweck der Einrichtung - hier der Schule - eingeschränkt, aber nicht aufgehoben werden. Die öffentliche Schule, die der Staat seiner organisatorischen und weitgehend auch inhaltlichen Gestaltung unterstellt hat, ist ein Lebensbereich, in dem sich staatliches Handeln und bürgerliche Freiheit begegnen. In einem solchen Bereich darf der Staat auch durch das Bereithalten sinnfälliger Wertsymbole, die in dem betreffenden Bundesland verbreiteter Übung entsprechen, einen organisatorischen Rahmen schaffen, in dem sich zugleich die bei einem großen Teil der Schüler und ihrer Eltern vorhandenen religiösen Überzeugungen

entfalten können (vgl. OVG für das Land Nordrhein-Westfalen, NVwZ 1994, S. 597). Dagegen fällt die Ausstattung von Gerichtssälen mit Kreuzen, die das Grundrecht eines Prozeßbeteiligten aus Art. 4 Abs. 1 GG verletzen kann (vgl. BVerfGE 35, 366), in den Bereich ursprünglicher staatlicher Hoheitsfunktionen und unterliegt daher anderen verfassungsrechtlichen Bindungen als die Anbringung von Kreuzen in den Klassenräumen staatlicher Schulen (vgl. im einzelnen *Böckenförde*, Zeitschrift für evangelisches Kirchenrecht 20. Band <1975>, S. 119 <127 f., 134>).

Die Bekenntnisfreiheit des Art. 4 Abs. 1 GG wird, was von der Senatsmehrheit überhaupt nicht in den Blick genommen wird, durch die Gewährleistung der ungestörten Religionsausübung in Art. 4 Abs. 2 GG noch verstärkt und hervorgehoben (vgl. BVerfGE 24, 236 <245 f.>). Art. 4 Abs. 1 und 2 GG sichern gemeinsam dem Einzelnen einen Raum für die aktive Betätigung seiner Glaubensüberzeugung. Ist danach ein freiwilliges, überkonfessionelles Schulgebet grundsätzlich verfassungsrechtlich unbedenklich (vgl. BVerfGE 52, 223), so gilt das in gleicher Weise für das Kreuz im Klassenzimmer. Der Staat gibt damit der positiven Bekenntnisfreiheit Raum in einem Bereich, den er ganz in seine Vorsorge genommen hat und in welchem religiöse und weltanschauliche Einstellungen von jeher relevant waren (vgl. BVerfGE 41, 29 <49>; 52, 223 <241>).

2. In die Religionsfreiheit der Beschwerdeführer wird damit nicht eingegriffen.

a) Die Beschwerdeführer berufen sich nicht auf die Religionsausübungsfreiheit nach Art. 4 Abs. 2 GG. Sie machen auch keine Verletzung ihrer aus Art. 4 Abs. 1 GG folgenden positiven Bekenntnisfreiheit geltend, sondern rügen allein eine Verletzung ihrer - ebenfalls durch Art. 4 Abs. 1 GG geschützten - negativen Religionsfreiheit. Denn sie verlangen nicht die Anbringung eines Symbols ihrer eigenen Weltanschauung im Klassenzimmer neben dem Kreuz oder an dessen Stelle, sondern allein die Entfernung von Kruzifixen, die sie als Symbole einer von ihnen nicht geteilten religiösen Überzeugung betrachten und nicht dulden wollen. In dem Beschluß vom 5. November 1991 (BVerfGE 85, 94), mit dem der Antrag der Beschwerdeführer auf Erlaß einer einstweiligen Anordnung zurückgewiesen worden war, hatte der Senat die verfassungsrechtliche Frage - treffender als jetzt in der Hauptsacheentscheidung - wie folgt formuliert: "ob und unter welchen Umständen die Verwendung religiöser Symbole in einer Schule die negative Religionsfreiheit berührt und inwieweit sie von der Minderheit hinzunehmen ist, weil sie der positiven Religionsfreiheit der Mehrheit Rechnung tragen soll" (BVerfG, a.a.O., S. 96).

Freilich handelt es sich nicht um ein Problem des Verhältnisses von Mehrheit und Minderheit, sondern darum, wie im Bereich der staatlichen Pflichtschule positive und negative Religionsfreiheit der Schüler und ihrer Eltern allgemein in Übereinstimmung gebracht werden können. Dieses im Bereich des Schulwesens unvermeidliche Spannungsverhältnis zwischen negativer und positiver Religionsfreiheit zu lösen, obliegt dem demokratischen Landesgesetzgeber, der im öffentlichen Willensbildungsprozeß unter Berücksichtigung der verschiedenen Auffassungen einen für alle zumutbaren Kompromiß zu suchen hat (vgl. BVerfGE 41, 29 <50>; 52, 223 <247>). Dabei ist die negative Religionsfreiheit kein Obergrundrecht, das die positiven Äußerungen der Religionsfreiheit im Falle des Zusammentreffens verdrängt. Das Recht der Religionsfreiheit ist kein Recht zur Verhinderung von Religion. Der notwendige Ausgleich zwischen beiden Erscheinungsformen der Religionsfreiheit muß im Wege der Toleranz bewerkstelligt werden (vgl. *Schlaich*, in: Kirche und Staat in der neueren Entwicklung, 1980, S. 427 <439>; *Starck*, in: v. Mangoldt/Klein, Das Bonner Grundgesetz, Art. 4 Abs. 1, 2 Rdnr. 17 m.w.N.).

b) Diesen Grundsätzen ist der bayerische Landesgesetzgeber mit dem Erlaß des § 13 Abs. 1 Satz 3 der Volksschulordnung gerecht geworden. Die gebotene Abwägung mit den Belangen von

Nicht- und Andersgläubigen läßt einen Verfassungsverstoß nicht erkennen.

aa) Bei der Einschätzung und Bewertung dieser Belange kann man nicht, wie es die Senatsmehrheit tut, generell die christlich-theologische Auffassung von Bedeutung und Sinngehalt des Kreuzessymbols zugrunde legen. Entscheidend ist vielmehr, welche Wirkung der Anblick des Kreuzes bei den einzelnen Schülern entfaltet, insbesondere welche Empfindungen der Anblick des Kreuzes bei Andersdenkenden auslösen kann (vgl. dazu auch BVerfGE 35, 366 <375 f.>). Es mag sein, daß in einem Schüler christlichen Glaubens beim Anblick des Kreuzes im Klassenzimmer teilweise diejenigen Vorstellungen erweckt werden, die von der Senatsmehrheit als Sinngehalt des Kreuzes (unter C II 2 b der Gründe) geschildert werden. Für den nichtgläubigen Schüler hingegen kann das nicht angenommen werden. Aus seiner Sicht kann das Kreuz im Klassenzimmer nicht die Bedeutung eines Symbols für christliche Glaubensinhalte haben, sondern nur die eines Sinnbilds für die Zielsetzung der christlichen Gemeinschaftsschule, nämlich für die Vermittlung der Werte der christlich geprägten abendländischen Kultur, und daneben noch die eines Symbols einer von ihm nicht geteilten, abgelehnten und vielleicht bekämpften religiösen Überzeugung.

bb) Angesichts dieses Sinngehalts, den das Kreuz im Klassenzimmer für nichtchristliche Schüler hat, haben sie und ihre Eltern das Vorhandensein der Kreuze hinzunehmen. Dazu verpflichtet sie das Toleranzgebot. Unzumutbare Belastungen entstehen ihnen dadurch nicht.

Die psychische Beeinträchtigung und mentale Belastung, die nichtchristliche Schüler durch die zwangsläufige Wahrnehmung des Kreuzes im Unterricht zu erdulden haben, hat nur ein verhältnismäßig geringes Gewicht. Das Minimum an Zwangselementen, das in dieser Beziehung von den Schülern und ihren Eltern zu akzeptieren ist (vgl. BVerfGE 41, 29 <51>), wird nicht überschritten. Die Schüler sind nicht zu besonderen

Verhaltensweisen oder religiösen Übungen vor dem Kreuz verpflichtet. Sie sind daher - anders als beim Schulgebet (vgl. BVerfGE 52, 223 <245 ff.>) - nicht gezwungen, durch Nichtteilnahme ihre abweichende weltanschaulich-religiöse Überzeugung kundzutun. Die Gefahr ihrer Diskriminierung besteht daher von vornherein nicht.

Die Schüler werden durch das Kreuz im Klassenzimmer auch nicht in verfassungsrechtlich unzulässiger Weise (vgl. BVerfGE 41, 29 <51>) missionarisch beeinflußt. Ein unmittelbarer Einfluß auf Lehrinhalte und Erziehungsziele im Sinne einer Propagierung christlicher Glaubensinhalte geht von dem Kreuz im Klassenzimmer nicht aus. Im übrigen ist auch insoweit von den besonderen Verhältnissen in Bayern auszugehen. Der Schüler wird dort - auch außerhalb des engeren kirchlichen Bereichs - in vielen anderen Lebensbereichen tagtäglich mit dem Anblick von Kreuzen konfrontiert. Beispielhaft seien nur erwähnt die in Bayern häufig anzutreffenden Wegekreuze, die vielen Kreuze in Profanbauten (wie in Krankenhäusern und Altersheimen, aber auch in Hotels und Gaststätten) und schließlich auch die in Privatwohnungen vorhandenen Kreuze. Unter solchen Verhältnissen bleibt auch das Kreuz im Klassenzimmer im Rahmen des Üblichen; ein missionarischer Charakter kommt ihm nicht zu.

III.

Hiernach hat der bayerische Landesgesetzgeber mit dem Anbringen von Kreuzen in den Klassenzimmern von Volksschulen in zulässiger Weise von der ihm zustehenden Gestaltungsbefugnis bei der Organisation des Volksschulwesens Gebrauch gemacht, ohne die Grenzen seines Gestaltungsspielraums zu überschreiten. Die angegriffenen verwaltungsgerichtlichen Entscheidungen begegnen in dieser Hinsicht keinen verfassungsrechtlichen Bedenken.

Seidl Söllner Haas

Abweichende Meinung

der Richterin Haas

zum Beschluß des Ersten Senats vom 16. Mai 1995

- 1 BvR 1087/91 -

Ich teile darüber hinaus auch weder die Begründung der Senatsmehrheit zur Zulässigkeit der Verfassungsbeschwerde noch ihre Ausführungen zum Anordnungsgrund.

1. Soweit Zweifel an der Zulässigkeit der Verfassungsbeschwerde etwa deshalb bestehen könnten, weil möglicherweise zwischenzeitlich die Beschwer der Beschwerdeführer weggefallen ist, etwa durch einen Schulwechsel der Beschwerdeführer zu 3) bis 5) oder durch Abhängen der noch verbliebenen Kruzifixe in den Unterrichtsräumen - nur darauf bezog sich der Antrag der Beschwerdeführer im einstweiligen Rechtsschutzverfahren -, mag das dahingestellt bleiben. Die Zulässigkeit der Verfassungsbeschwerde kann hier jedoch nicht aus denselben Gründen wie beim Wegfall der Beschwer im Hauptsacheverfahren (vgl. BVerfGE 41, 29 <43>) bejaht werden. Denn die Annahme eines fortdauernden Feststellungsinteresses berücksichtigt nicht hinreichend die Besonderheiten des einstweiligen Rechtsschutzverfahrens, dessen Bedeutung sich in der Regelung eines nur vorläufigen Zustands erschöpft. Indessen braucht diese Frage im Hinblick auf die hier vertretene Rechtsauffassung, wonach die Verfassungsbeschwerde unbegründet ist, nicht weiter vertieft zu werden.

2. Die angefochtene Entscheidung des Bayerischen Verwaltungsgerichtshofs ist auch insoweit verfassungsrechtlich nicht zu beanstanden, als das Vorliegen eines Anordnungsgrundes verneint wird; insbesondere ist Art. 19 Abs. 4 GG nicht verletzt. Die Verwaltungsgerichte gewähren vorläufigen Rechtsschutz u.a. nach § 123 VwGO. Art. 19 Abs. 4 GG fordert auch bei Verfahren, die die Vornahme einer Handlung betreffen, jedenfalls dann die Gewährung vorläufigen Rechtsschutzes, wenn im anderen Falle schwere und unzumutbare, anders nicht abwendbare Nachteile entstünden, zu deren nachträg-

licher Beseitigung die Entscheidung in der Hauptsache nicht mehr in der Lage wäre (vgl. BVerfGE 46, 166 <179>; 51, 268 <284>).

Davon ist auch der Bayerische Verwaltungsgerichtshof ausgegangen. Bei der Prüfung des Vorliegens der Voraussetzungen eines Anordnungsgrundes hebt der Gerichtshof unter Berücksichtigung des verfassungsrechtlichen Gebots der Gewährung effektiven Rechtsschutzes zutreffend darauf ab, ob den Beschwerdeführern bei Nichterlaß einer einstweiligen Anordnung ein unzumutbarer und irreparabler Nachteil entstünde.

Im Rahmen *dieser Nachteils*prüfung hat er - verfassungsrechtlich unbedenklich - die Dringlichkeit und die Bedeutung des Anspruchs geprüft. Deshalb erscheint es mehr als zweifelhaft, ob die in einem einzigen Satz zusammengefaßten Erwägungen des Gerichtshofs zum Zeitablauf isoliert betrachtet und dahin gewürdigt werden können, daß das Gericht die Eilbedürftigkeit des Anliegens der Beschwerdeführer verneint hat. Vielmehr müssen die Ausführungen zur Dauer des beanstandeten Zustands in ihrem Gesamtkontext gesehen und verstanden werden. Als Teil der Nachteilsprüfung des Gerichtshofs aber kommt der Dauer des Zustands namentlich die Bedeutung eines Inaizes für die Schwere des Nachteils zu. Die Erwägung des Gerichtshofs, daß die Hinnahme eines bestimmten Zustands für die Dauer von etwa fünf Jahren Einfluß auf die Einschätzung eines Nachteils als zumutbar haben kann, ist verfassungsrechtlich nicht zu beanstanden. Es liegt jedenfalls nicht fern, die Frage der Zumutbarkeit eines Nachteils für die Betroffenen danach zu beurteilen, wie sich die Lage in der Vergangenheit für diese gestaltet hat und wie sie damit umgegangen sind. Daß der den Beschwerdeführern durch den Anblick eines Kruzifixes entstehende Nachteil allein in Folge Zeitablaufs unzumutbar geworden wäre, läßt sich den Feststellungen des Verwaltungsgerichtshofs, die von den Beschwerdeführern nicht angegriffen worden sind, nicht entnehmen. Die Beschwerdeführer haben auch nichts dafür vorgetragen, daß diesbezügliches Vorbringen vom Verwaltungsgerichtshof außer Betracht gelassen worden ist. Überdies hat der Gerichtshof im Rahmen der Nachteilsprüfung noch weitere Aspekte rechtlich gewürdigt. Insoweit hat er berücksichtigt, daß die Beschwerdeführer zu 1) und 2) bei Nichterlaß der begehrten vorläufigen Regelung noch genügend Freiraum für eine der elterlichen Verantwortung gerecht werdende Erziehung behalten und daß der Anblick eines Kruzifixes in den Unterrichtsräumen die Beschwerdeführer zu 3) bis 5) nur vergleichsweise gering belastet, weil sie diesem Anblick auch anderwärts ausgesetzt sind. Wenn der Bayerische Verwaltungsgerichtshof danach zu der Überzeugung gelangt ist, daß den Beschwerdeführern ein unzumutbarer und irreparabler Nachteil nicht entsteht, wenn eine vorläufige Regelung nicht getroffen wird, so begegnet dies keinen verfassungsrechtlichen Bedenken. Diese Einschätzung des Bayerischen Verwaltungsgerichtshofs hat im übrigen auch der erkennende Senat ersichtlich geteilt, als er seinerseits den Erlaß einer von den Beschwerdeführern beantragten einstweiligen Anordnung abgelehnt hat, weil sich bei der Folgenabwägung nicht feststellen lasse, daß die den Beschwerdeführern erwachsenden Nachteile überwögen (vgl. BVerfGE 85, 94 <96 f.>). Dabei hatte der erkennende Senat zu berücksichtigen, daß der von den Verfassungsbeschwerdeführern beanstandete Zustand angesichts der vieljährigen Dauer von Verfassungsbeschwerde-Verfahren von diesen noch mehrere Jahre hinzunehmen sein würde.

Angesichts seiner Beurteilung des Nachteils als minderschwer brauchte der Verwaltungsgerichtshof auch nicht weiter zu prüfen, ob der Erlaß einer einstweiligen Anordnung etwa deshalb notwendig war, weil die Beschwerdeführer vor den sie treffenden unzumutbaren und irreparablen Nachteilen anders nicht hätten bewahrt werden können (vgl. BVerfGE 46, 166 <179 f.>). Die Annahme des Gerichts, daß vor dem Hintergrund der Kompromißbereitschaft der Verwaltung auch in Zukunft außergerichtliche Kompromißlösungen wie die gegenwärtig bestehende erreichbar seien, ist verfassungsrechtlich nicht zu beanstanden.

Der Grundsatz der Gewährung effektiven Rechtsschutzes gebot es dem Gerichtshof auch nicht, Möglichkeiten einer vergleichsweisen Zwischenlösung "auszuloten", um eine einstweilige Anordnung "entbehrlich" zu machen. Es ist schon zweifelhaft, ob dem Wesen des Grundsatzes der Gewährung effektiven Rechtsschutzes eine Verhandlungsführung entspricht, die darauf abzielt, eine Entscheidung des Gerichts entbehrlich zu machen. Indessen bedarf es schon einfachrechtlich der Führung von Vergleichsverhandlungen im einstweiligen Rechtsschutzverfahren deshalb nicht, weil es im Ermessen des Gerichts steht, welche Regelung im einzelnen es im Rahmen des Rechtsschutzbegehrens trifft (h. Rspr. und Lit., vgl. Nachweise bei Kopp, VwGO, 1994, § 123 Rdnr. 17), falls die Voraussetzungen für einen Erlaß einer einstweiligen Anordnung vorliegen. Liegen jedoch - wie hier - die Voraussetzungen für den Erlaß einer einstweiligen Anordnung nach Auffassung des Gerichts nicht vor, ist also die Sache entscheidungsreif und der Antrag zurückzuweisen, so kann es jedenfalls unter dem Blickwinkel der Gewährung effektiven Rechtsschutzes nicht geboten sein, im Wege gerichtlicher Vergleichsverhandlungen eine Einigung der Beteiligten mit einem Ergebnis anzustreben, das auf dem eingeschlagenen Rechtsweg nicht erreichbar gewesen wäre.

Haas

VII. Massgebliche Normen

Schweizerische Bundesverfassung (BV) vom 29. Mai 1874

Art. 27 Abs. 3
Die öffentlichen Schulen sollen von den Angehörigen aller Bekenntnisse ohne Beeinträchtigung ihrer Glaubens- und Gewissensfreiheit besucht werden können.

Art. 49 Abs. 1–3
1) Die Glaubens- und Gewissensfreiheit ist unverletzlich.
2) Niemand darf zur Teilnahme an einer Religionsgenossenschaft oder an einem religiösen Unterricht oder zur Vornahme einer religiösen Handlung gezwungen oder wegen Glaubensansichten mit Strafen irgendwelcher Art belegt werden.
3) Über die religiöse Erziehung der Kinder bis zum erfüllten 16. Altersjahr verfügt im Sinne vorstehender Grundsätze der Inhaber der väterlichen oder vormundschaftlichen Gewalt.

Grundgesetz für die Bundesrepublik Deutschland vom 23. Mai 1949 (GG)

Art. 4 Abs. 1–2 (Glaubens- und Bekenntnisfreiheit)
1) Die Freiheit des Glaubens, des Gewissens und die Freiheit des religiösen und weltanschaulichen Bekenntnisses sind unverletzlich.
2) Die ungestörte Religionsausübung wird gewährleistet.

Art. 6 Abs. 2
Pflege und Erziehung der Kinder sind das natürlich Recht der Eltern und die zuvörderst ihnen obliegende Pflicht. Über ihre Betätigung wacht die staatliche Gemeinschaft.

Art. 7 (Schulwesen)
1) Das gesamte Schulwesen steht unter der Aufsicht des Staates.
2) Die Erziehungsberechtigten haben das Recht, über die Teilnahme des Kindes am Religionsunterricht zu bestimmen.
3) Der Religionsunterricht ist in den öffentlichen Schulen mit Ausnahme der bekenntnisfreien Schulen ordentliches Lehrfach. Unbeschadet des staatlichen Aufsichtsrechts wird der Religionsunterricht in Übereinstimmung mit den Grundsätzen der Religionsgemeinschaften erteilt. Kein Lehrer darf gegen seinen Willen verpflichtet werden, Religionsunterricht zu erteilen.

Art. 19 Abs. 4 (Rechtsschutzgarantie)
Wird jemand durch die öffentliche Gewalt in seinen Rechten verletzt, so steht ihm der Rechtsweg offen. Soweit eine andere Zuständigkeit nicht begründet ist, ist der ordentliche Rechtsweg gegeben.

Art. 140 GG in Verbindung mit Art. 136–141 der Weimarer Verfassung (WRV)

Art. 136 WRV Abs. 1, 3 und 4
1) Die bürgerlichen und staatsbürgerlichen Rechte und Pflichten werden durch die Ausübung der Religionsfreiheit weder bedingt noch beschränkt.
3) Niemand ist verpflichtet, seine religiöse Überzeugung zu offenbaren. Die Behörden haben nur soweit das Recht, nach der Zugehörigkeit zu einer Religionsgemeinschaft zu fragen, als davon Rechte und Pflichten abhängen oder eine gesetzlich angeordnete statistische Erhebung dies erfordert.
4) Niemand darf zu einer kirchlichen Handlung oder Feierlichkeit oder zur Teilnahme an religiösen Übungen oder zur Benutzung einer religiösen Eidesformel gezwungen werden.

Art. 137 WRV Abs. 1–3
1) Es besteht keine Staatskirche.
2) Die Freiheit der Vereinigung zu Religionsgesellschaften wird gewährleistet. Der Zusammenschluss von Religionsgesellschaften innerhalb des Reichsgebietes unterliegt keinen Beschränkungen.
3) Jede Religionsgesellschaft ordnet und verwaltet die Angelegen-

heiten selbständig innerhalb der Schranken des für alle geltenden Gesetzes. Sie verleiht ihre Ämter ohne Mitwirkung des Staates oder der bürgerlichen Gemeinde.

Art. 138 WRV Abs. 1
1) Die auf Gesetz, Vertrag oder besondern Rechtstiteln beruhenden Staatsleistungen an die Religionsgesellschaften werden durch die Landesgesetzgebung abgelöst. Die Grundsätze hierfür stellt das Reich auf.

Die Europäische Menschenrechtskonvention (EMRK)
(Konvention zum Schutze der Menschenrechte und Grundfreiheiten vom 4. November 1950)

Artikel 9
1) Jedermann hat Anspruch auf Gedanken-, Gewissens- und Religionsfreiheit; dieses Recht umfasst die Freiheit des einzelnen zum Wechsel der Religion oder der Weltanschauung sowie die Freiheit, seine Religion oder Weltanschauung einzeln oder in Gemeinschaft mit anderen öffentlich oder privat, durch Gottesdienst, Unterricht, Andachten und Beachtung religiöser Gebräuche auszuüben.
2) Die Religions- und Bekenntnisfreiheit darf nicht Gegenstand anderer als vom Gesetz vorgesehener Beschränkungen sein, die in einer demokratischen Gesellschaft notwendige Massnahmen im Interesse der öffentlichen Sicherheit, der öffentlichen Ordnung, Gesundheit und Moral oder für den Schutz der Rechte und Freiheiten anderer sind.

Zusatzprotokoll zur Konvention zum Schutze der Menschenrechte und Grundfreiheiten vom 20. März 1952

Art. 2 (Elternrecht)
Das Recht auf Bildung darf niemandem verwehrt werden. Der Staat hat bei Ausübung der von ihm auf dem Gebiete der Erziehung und des Unterrichtes übernommenen Aufgaben das Recht der Eltern zu achten, die Erziehung und den Unterricht entsprechend ihren eigenen religiösen und weltanschaulichen Überzeugungen sicherzustellen.

Verfassung des Freistaates Bayern vom 2. Dezember 1946

Art. 131 Abs. 2
Oberste Bildungsziele sind Ehrfurcht vor Gott, Achtung vor religiöser Überzeugung und vor der Würde des Menschen, Selbstbeherrschung, Verantwortungsgefühl und Verantwortungsfreudigkeit, Hilfsbereitschaft, Aufgeschlossenheit für alles Wahre, Gute und Schöne und Verantwortungsbewusstsein für Natur und Umwelt.

Art. 135 (in Geltung seit Teilrevision vom 22. Juli 1968, bei der die vorher bestehenden Bekenntnisschulen zugunsten von «christlichen Gemeinschaftsschulen» aufgehoben wurden. In BVerfGE 41, Nr. 4, S. 65ff., insbesondere S. 79ff., ist diese Bestimmung als verfassungskonform erklärt worden.)
Die öffentlichen Volksschulen sind gemeinsame Schulen für alle volksschulpflichtigen Kinder. In ihnen werden die Schüler nach den Grundsätzen der christlichen Bekenntnisse unterrichtet und erzogen. Das Nähere bestimmt das Volksschulgesetz.

Art. 136 Abs. 1
An allen Schulen sind beim Unterricht die religiösen Empfindungen aller zu achten.

Bayerisches Volksschulgesetz
(vom 17. November 1966, in der Fassung vom 13. Dezember 1968)

Art. 7 Gemeinsame Volksschule
1) In den öffentlichen Volksschulen (Grund- und Hauptschulen) werden die Schüler nach den gemeinsamen Grundsätzen der christlichen Bekenntnisse unterrichtet und erzogen. Für Kinder, die keinem christlichen Bekenntnis angehören, gilt Art. 136 Abs. 1 der Bayerischen Verfassung.
2) In Klassen mit Schülern gleichen Bekenntnisses wird darüber hinaus den besondern Grundsätzen dieses Bekenntnisses Rechnung getragen.

Hinweise auf benutzte Literatur

I. Dokumente

- «Schule ohne Kreuz?» Sonderheft der Publikationsreihe «Kirche und Gesellschaft», hrsg. von der Katholischen Sozialwissenschaftlichen Zentralstelle Mönchengladbach, 1995, J. P. Bachem Verlag, Köln, mit Beiträgen von Peter Lerche, Hans Maier, Anton Rauscher und Walter Ziegler
- Basilius Streithofen, «Das Kruzifix-Urteil», 1995, Ullstein Verlag, Frankfurt a. M. und Berlin (Ullstein-Report). Ein Dokumentationsband, der u. a. die Originalfassungen folgender Dokumente enthält:
  - den Beschluss des Bayerischen Verwaltungsgerichtes Regensburg vom 1. März 1991
  - den Beschluss des Bayerischen Verwaltungsgerichtshofes vom 3. Juni 1991
  - die gutachtliche Stellungnahme des kirchenrechtlichen Institutes der Evangelischen Kirche in Deutschland zur Verwendung religiöser Symbole in einer öffentlichen Schule vom 1. Juli 1992 (Verfasser: Prof. Dr. Axel Freiherr von Campenhausen)
  - Stellungnahme des Instituts für Staatskirchenrecht der Diözesen Deutschlands zu dem Verfahren der Verfassungsbeschwerde des Ernst Seler etc. vom 20. Juli 1992 (Verfasser Prof. Dr. Joseph Listl)
  - Urteil des Bundesverfassungsgerichtes vom 16. Mai 1995 mit abweichenden Meinungen der Richter Seidl, Söllner und Haas sowie Verlautbarung der Pressestelle des Bundesverfassungsgerichtes vom 10. August 1995
  - Rechtsgutachten erstattet im Auftrag der Bayerischen Staatsregierung von Prof. Dr. Peter Badura vom 4. Sept. 1995
  - Gesetzesentwurf der Staatsregierung zur Änderung des Bayerischen Gesetzes über das Erziehungs- und Unterrichtswesen

- Gesetzesentwurf zur Änderung des Bayerischen Gesetzes über das Erziehungs- und Unterrichtswesen mit Begründung vom 24. 10. 1995, Verhandlung vor dem Bayerischen Senat vom 19. 10. 1995 und Erlass des Gesetzes durch den Bayerischen Landtag vom 23. 12. 1995.
- Das Kreuz im Widerspruch: Der Kruzifix-Beschluss des BVerfG in der Kontroverse, hrsg. von Hans Maier, Verlag Herder, Quaestiones disputatae Nr. 162. Mit Beiträgen von Karl Gabriel, Landesbischof Eduard Lohse u. a. Autoren, deren Beiträge schon andernorts erschienen waren. Das Buch erschien Ende Juni 1996, nachdem die vorliegende Studie schon abgeschlossen war.

II. Juristische Literatur

- Handbuch des Staatsrechtes (der Bundesrepublik Deutschland), hrsg. von Isensee und Kirchhof, Bände I–VI, C.F. Müller,Heidelberg 1987–1992. Daraus:
  - E. W. Böckenförde, Demokratie als Verfassungsprinzip, I § 22
  - J. Isensee, Grundrechtsvoraussetzungen und Verfassungserwartungen, V § 115
  - A. von Campenhausen, Religionsfreiheit, VI § 136 Rn 95ff., 101
  - A. Hollerbach, Grundlagen des Staatskirchenrechts, VI § 138 Rn 10
- Handbuch des Staatskirchenrechts der Bundesrepublik Deutschland, Bd. 1 (2. Aufl.), 1994, S. 58ff., Bd. 2 (2. Aufl.), 1995
- Staatskirchenrecht, München 1982, 2. Aufl., S. 51ff.
- Jean-François Aubert/Kurt Eichenberger/Jörg Paul Müller/René A. Rhinow/Dietrich Schindler (Hrsg.), Kommentar zur Bundesverfassung der Schweiz. Eidgenossenschaft vom 29. Mai 1874, Basel/Zürich/Bern 1987ff.
- Nikolaus Blum, Die Gedanken-, Gewissens- und Religionsfreiheit nach Art. 9 EMRK, Berlin 1990, 202 S.
- Ernst-Wolfgang Böckenförde, Kreuze (Kruzifixe) in Gerichtssälen, in Zeitschrift für evangelisches Kirchenrecht, 20. Band, Juli 1975, S. 119–147
- Carl Hans Brunschwiler, in «Mélanges Robert Patry» 1988, S. 273, bei Anm. 25 zur unbedachten Zitation von Gerichtsentscheiden

- Axel Freiherr von Campenhausen
  - Zur Kruzifix-Entscheidung des BVerfG, in «Archiv des öffentlichen Rechts», Tübingen September 1996 (Heft 3 des 121. Bd., S. 448–464)
  - Staatskirchenrecht, München 1996; 3. Aufl., insbes. S. 76ff.
- Ueli Friederich, Kirchen und Glaubensgemeinschaften im pluralistischen Staat, Diss., Bern 1993, 478 S.
- Ulrich Häfelin/Walter Haller, Schweiz. Bundesstaatsrecht, 3. Aufl. 1993, S. 387ff.
- Josef Isensee, Bildersturm durch Grundrechtsinterpretation, Zeitschrift für Rechtspolitik, 1996, Heft 1, S. 10–15
- Matthias Jestaedt, Das Kreuz unter dem Grundgesetz, Journal für Rechtspolitik 3, 1995, S. 387ff.
- Hubert Kalb/Richard Potz/Brigitte Schinkele, Das Kreuz im Klassenzimmer. Darstellung der österreichischen Rechtslage aus Anlass der Entscheidung des BVerfGer vom 16. Mai 1995, in Österreichisches Archiv für Kirchenrecht, 1994, S. 9–83
- Peter Karlen, Das Grundrecht der Religionsfreiheit in der Schweiz, Diss., Zürich 1988
- Peter Karlen, «Religiöse Symbole in öffentlichen Räumen», Zbl. 90/1989, S. 12–18
- Dieter Kraus, Schweiz. Staatskirchenrecht, Diss., Tübingen 1993, 491 S.
- Martin Lendi, «Die Kirche und die Verantwortung für die Werte unseres Rechtsstaates» in «Bewährung des Rechts», Zürich 1992, S. 129–147
- Christoph Link, Stat Crux? (Die «Kruzifix»-Entscheidung des BVerfG), NJW 1995, Heft 51, S. 3353ff.
- Joseph Listl
  - «Staat und Religion», hrsg. von der Kath. Sozialwissenschaftlichen Zentralstelle Mönchengladbach, Nr. 227, J. P. Bachem Verlag, 1996, 16 S.
  - «Kirche im freiheitlichen Staat», Schriften zum Staatskirchenrecht, 2 Halbbände, 1996, 1173 S.
- Jörg Paul Müller, Grundrechte der Schweizerischen Bundesverfassung, 1991, S. 58
- Herbert Plotke, Schweiz. Schulrecht, 1979, insbes. S. 164
- Peter Saladin, Grundrechte im Wandel, 1982

- Klaus Schlaich, «Neutralität als verfassungsrechtliches Prinzip», Verlag J. C. B. Mohr, Tübingen 1972
- Paul Zweifel, Religiöse Symbole und Kleidervorschriften im Zwielicht, Zeitschrift des Bernischen Juristenvereins, Band 131 (1995), Heft 9, S. 591-597

Präjudizien:

- Entscheid des Schweiz. Bundesrates im Falle Cadro vom 29. Juni 1988 (Zbl. 90 [1989], S. 19ff.)
- BVerfGE 35 (17. 7. 1973), 366ff. betr. Kreuz im Gerichtssaal
- BVerfGE 41 (17. 12. 1975), 29ff. betr. christliche Gemeinschaftsschule badischer Überlieferung
- BVerfGE 41 (17. 12. 1975), 65ff. betr. christliche Gemeinschaftsschule gemäss Art. 135 der Verfassung des Freistaates Bayern
- BVerfGE 52 (1979), 223ff. betr. Zulässigkeit des Schulgebetes
- Unveröffentlichtes Urteil des Oberverwaltungsgerichtes für das Land Nordrhein-Westfalen in Münster vom 15. 9. 1993 betr. Kreuze in Schulzimmern

III. Über Symbole, auswahlweise

- Theologische Realenzyklopädie (TRE), Bd. XIX (1990), Artikel «Kreuz», Sp. 712-779, insbesondere zum ikonographischen Aspekt über den Ort des Kreuzes, RN 5-40, wo u. a. ausgeführt wird: «Erhoffter Segen ist aber dort das Motiv, wo das Wandkreuz in Wohnung, Krankenzimmer, Schule etc. aufgehängt ist» usw.
- Evangelisches Kirchenlexikon, 3. Aufl. 1989, Bd. 2, Sp. 1462ff. Insbesondere Sp. 146: «Bei Erhebung des Sinngehaltes ist über die jedem Symbolon eigene Polyvalenz hinaus die doppelte ikonologische Wurzel der Kreuzes-Symbolik als signum und als lignum crucis zu beachten. Das Ineinandergreifen beider Vorstellungskreise macht die Weite der Aussagemöglichkeiten aus. Kriterium für die Sinndominante ist der Anbringungsort bzw. die Funktion des Bildträgers ...»
- Handbuch theologischer Grundbegriffe, hrg. von Heinrich Fries,

Kösel Verlag 1963, Art. Symbol in Bd. II, Sp. 606ff.; neue, überarbeitete und ergänzte Auflage in 5 Bänden 1991, hrsg. von Peter Eicher
- Herder Lexikon «Symbole», 1984, S. 93
- Lexikon christlicher Kunst, Herder Bücherei Nr. 1364, 1987, S. 183ff.
- Lexikon für Theologie und Kirche, 2. Aufl. 1961ff., Bd. 6, Stichwort Kreuz, Sp. 605ff., Bd. 9, Stichwort Symbol, Sp. 1208–1210
- Mircea Eliade, Die Religionen und das Heilige, Elemente der Religionsgeschichte, Insel Verlag 1986, 573 S. Insbes. S. 440 über das «Heimweh nach dem Paradies»
- Dorothea Forstner, Die Welt der christlichen Symbole, Tyrolia Verlag, 5. Aufl. 1986, 467 S. Insbesondere über Kreuzzeichen S. 19–23
- Romano Guardini, Von heiligen Zeichen, seit 1922 in vielen Auflagen
- Bernd Jaspert, Das Kreuz Jesu als symbolische Realität – Ein Beitrag zum christlich-jüdischen Dialog, in Zeitschrift für Theologie und Kirche 88 (1991), S. 364–387
- Jungmann-Sauser, Symbolik der kath. Kirche, Bd. VI der Symbolik der Religionen, 1960, 100 Seiten, vgl. S. 16f. über das seit dem 2. Jh. bezeugte Kreuzzeichen und S. 45ff.
- Manfred Lurker, Wörterbuch der Symbolik, 2. Aufl., Kröner Verlag, Stuttgart 1983, zum Thema «Kreuz», S. 376f.
- Manfred Lurker, Die Botschaft der Symbole in Mythen, Kulturen und Religionen, Kösel Verlag, München 1990, zum Thema «Mysterium des Kreuzes», S. 279–289, mit folgendem einschlägigem Text, S. 289: «So weist das Kreuz – wie alle echten Symbole – über Zeit und Raum hinaus, ist Brücke zum ganz Andern, zum Unerforschlichen und lässt uns bewusst werden, dass alles Vergängliche nur ein Gleichnis des Ewigen ist.»
- Jürgen Oelkers/Klaus Wegenast (Hrsg.), Das Symbol – Brücke des Verstehens, Kohlhammer Verlag 1991, 228 S. mit mehreren Passagen über die Mehrdeutigkeit und Deutungsbedürftigkeit von Symbolen, S. 15 und passim
- Alfons Rosenberg, Einführung in das Symbolverständnis, Herder Bücherei Nr. 1033, 1984, insbes. S. 33, 40ff. und 128ff.
- Stephan Wisse, Das religiöse Symbol, Ludgerus Verlag 1963, 279 S. mit einem umfassenden Literaturverzeichnis von 40 Seiten mit über 1000 Titeln. Mit bedenkenswerten Einsichten vor allem im

3. Teil über die «Funktionen des religiösen Symbols», S. 213ff., und im Schlussteil «Die existentielle Bedeutung des religiösen Symbols», S. 163ff.
- Wilhelm Ziehr, Das Kreuz. Symbol – Gestalt – Bedeutung, Verlag Belser, 240 Seiten mit 400 Abbildungen, 1997

IV. Volkskunde, insbes. religiöse Volkskunde, Volksfrömmigkeit

(hiezu gibt es eine unübersehbare Fülle von Literatur für die Schweiz, für Deutschland und Österreich)

Schweiz:

- Handbuch der Schweiz. Volkskultur Bd. III (Hrsg. Paul Hugger), 1992, mit einem Beitrag von Walter Heim: «Das kirchliche Brauchtum im Wandel»
- Peter Felder, Die Kunstlandschaft der Innerschweiz, Zusammenspiel von Landschaft, Geschichte und Kunst, Raeber Verlag 1995, 408 S.
- Martin Froehlicher, Die Aufnahme sakraler Wegbegleiter ins Inventar der Verkehrswege der Schweiz (IVS, Bulletin IVS 94/1, S. 10–18) mit einer umfangreichen Auswahlbibliographie auf S. 16f. zum Thema Wegkreuze und Bildstöcke in Deutschland, Österreich, Liechtenstein und Südtirol
- Heinz Horat, Sakrale Bauten, in Ars Helvetica III, Die visuelle Kultur der Schweiz, S. 100ff.
- Paul Hugger, Elemente einer Ethnologie der Katastrophe in der Schweiz, Zeitschrift für Volkskunde 86 (1990/I), S. 27–31. Hinweise auf Kreuze als zugehörig zur «Strategie der Krisenbewältigung»
- Werner Jaggi, Volksfrömmigkeit und Devotionalien, in «Leben für das Hinterland» (Gedenkbuch für Josef Zihlmann), Willisau 1995, hrsg. von Lothar E. Kaiser, S. 166–174
- Kurt Lussi, Wetterhexen und Schauerkreuze – ein Beitrag zur Geschichte der doppelbalkigen Kreuze in der Luzerner Landschaft, in Heimatkunde des Wiggertals 46 (1988), S. 99–116
- Guy Marchal, De la «Passion du Christ» à la «Croix Suisse»: quelques réflexions sur une enseigne suisse, in: M. Comina (Hrsg.), Histoire et belles histoires de la Suisse ... Itinera 9 (1989), S. 107–131

- Hans Marti, Umsorgte Sakrallandschaft, in Heimatkunde des Wiggertals, Heft 51 (1993), Willisau, S. 235–252
- Heinrich Wandeler/Josef Ignaz Suter/Helene Büchler-Mattmann (Hrsg.), «Kapellen und Wegkreuze in Beromünster und Gunzwil», in: Heimatkunde des Michelsamtes, Heft Nr. 10 (1966); in diesen zwei Gemeinden finden sich auf Weg und Steg und auf öffentlichen Plätzen gegen 40 Kruzifixe!
- Richard Weiss, Volkskunde der Schweiz, 1945, 3. Aufl. 1984, mit Hinweisen auf die spezifisch katholische Volksfrömmigkeit und auf die augenfällige Verschiedenheit kultureller Darstellung in katholischen und protestantischen Gegenden, S. 308ff.
- Dr. h. c. Josef Zihlmann,
  - Sie rufen mich beim Namen – Menschen und Bräuche in der Luzerner Landschaft, Hitzkirch 1982
  - Heilige Bäume und Orte, Hitzkirch 1985
  - Wie sie heimgingen, Hitzkirch 1982, 127 S.

Deutschland:

- Wörterbuch der deutschen Volkskunde, gegr. von Oswald A. Erich und Richard Beitl, Kröner Verlag, 3. Aufl. 1974, Art. Kreuz, S. 475, wo auf den vielfältigen Gebrauch im Volksglauben und in der Volkskunst hingewiesen wird, sowie Art. Volksfrömmigkeit, S. 870, und Volksglaube, S. 871
- Günther Kapfhammer, Geistliche Landschaft, Regionale Marginalien zu einem internationalen Phänomen, Festschrift für Torsten Gebhard zum 80. Geburtstag, in Forschungen zur historischen Volkskultur, München 1989, S. 231–236, mit bibliographischen Hinweisen für Oberpfalz und für Franken und auf die topographischen Karten 1:50 000 in Bayern und Österreich
- Lenz Kriss-Rettenbeck, Bilder und Zeichen religiösen Volksglaubens, Verlag Callway, München 1963, 187 S. Vgl. dazu die Ausführungen über die «Herrgottswinkel» in bayerischen, schwäbischen und österreichischen Gebieten und über die Tatsache, dass in bayerischen Bauernhöfen wohl in jedem Raum ein Kreuz hing (S. 15), über die Gestaltung des Kruzifixes (S. 17) und über Krippenfiguren (S. 21) sowie über die vielfältige Anwendung von Kreuzesformen in Glaube und Brauch – nebst Zerfallformen –,

S.48, und über die verschiedenen «lebenspraktischen» Deutungen, S. 49ff.
Hier mag die bemerkenswerte Tatsache Erwähnung finden, dass das österreichische Bundesgesetz betr. den Religionsunterricht in den Schulen vom 13. Juli 1949 in § 2 b bestimmt, dass in allen Klassenzimmern ein Kreuz anzubringen ist, wenn die Mehrzahl der Schüler einem christlichen Bekenntnis angehört.

V. **Theologo-Politica,** eine minimale Auswahl

- Peter Berger, The Homeless Mind, Modernization und Consciousness, Random New York, 1973, dt.: Das Unbehagen in der Modernität, Campus Verlag 1987, 210 S.
- Reinhart Hummel, Religiöser Pluralismus oder christliches Abendland? Wissenschaftl. Buchgesellschaft Darmstadt 1994, 223 S.
- Hermann Lübbe
  - (1) Religion nach der Aufklärung, Verlag Styria 1986[1], 1990[2], 336 S., insbes. das Kapitel «Exkurs über Zivilreligion», S. 306–327
  - (2) Zivilreligion und der «Kruzifix-Beschluss» des deutschen Bundesverfassungsgerichts, Manuskript eines Vortrages, gehalten in Bielefeld im Januar 1997
  - (3) Das Christentum, die Kirchen und die europäische Einigung, Vortrag anlässlich der 31. Essener Gespräche zum Thema «Staat und Kirche» (31) 1997, Münster i. W., S. 107–150
- Fundamente Europas – Christentum und europäische Identität, hrsg. von Riedel/Franz, Paulinus Verlag 1995, 211 S.
- Wolfhart Pannenberg, Christentum in einer säkularisierten Welt, Verlag Herder 1989
- Hans Waldenfels, Der Gekreuzigte und die Weltreligionen, Benziger Einsiedeln 1983, 89 S., insbes. S. 69
- Hans Waldenfels, Phänomen Christentum – Eine Weltreligion in der Welt der Religionen, Verlag Herder 1994, 187 S.
- Hans Waldenfels, Begegnung der Religionen, Borengässer Bonn 1996, 337 S.

Abkürzungen

BGE	Entscheid des Schweizerischen Bundesgerichtes
BGer	Schweizerisches Bundesgericht (Lausanne)
BRB	Bundesratsbeschluss
BV	Bundesverfassung der Schweizerischen Eidgenossenschaft vom 29. Mai 1874
BV	Bayerische Verfassung vom 2. Dezember 1946 (verwendet in BVerfGE vom 16. 5. 1995)
BVerfG	Deutsches Bundesverfassungsgericht (Karlsruhe)
BVerfGE	Entscheid des deutschen Bundesverfassungsgerichtes
BVerfGG	Gesetz über das (deutsche) Bundesverfassungsgericht vom 12. März 1951
Dokumentationsband:	Basilius Streithofen, Das Kruzifix-Urteil, Ullstein Verlag Frankfurt a. M. und Berlin (Ullstein Report) 1995
EMRK	Europäische Menschenrechtskonvention vom 4. November 1950
EuGRZ	Europäische Grundrecht-Zeitschrift
FN	Fussnote
GG	Grundgesetz für die Bundesrepublik Deutschland vom 23. Mai 1949
Hdb St Kirch R	Handbuch des Staatskirchenrechtes
Hdb StR	Handbuch des Staatsrechtes
N	Note, Randnote
OG	(Schweiz.) Gesetz über die Organisation der Bundesrechtspflege
RDAT	Rivista di diritto amministrativo ticinese
Rep.	Repertorio di Giurisprudenza Patria
RZ	Randziffer

TRE	Theologische Realenzyklopädie
VSO	Bayerische Volksschulordnung vom 21. Juni 1983
VvVG	(Schweiz.) Verwaltungsverfahrens-Gesetz
WRV	Weimarer Verfassung (Deutsche Verfassung vom 11. August 1919)
Zbl	Schweizerisches Zentralblatt für Staats- und Verwaltungsrecht
ZGB	Schweizerisches Zivilgesetzbuch vom 10. Dezember 1907

Von Walter Gut erschienene Publikation

....

Politische Kultur in der Kirche

Universitätsverlag in der Reihe
Religion – Politik – Gesellschaft in der Schweiz,
Band 4, Freiburg i. Ü. 1990, ISBN 3-7278-0694-X

Wie im Staat so stellt sich auch in der Kirche immer wieder die Frage nach der Gestalt des Zusammenlebens. Diese Frage zieht sich wie ein roter Faden durch das Buch, das zahlreiche Studien und Aufsätze enthält.

Aus dem Inhalt

Zur Stellung der Kirche in Gesellschaft und Staat
Das Basler Bistumskonkordat
Zur Ernennung eines Koadjutors des Bischofs von Chur
Politische Parolen der Kirche?
Niklaus von Flüe
Sir Thomas More
Erasmus von Rotterdam
Klerus und Laien
Politische Kultur in der Kirche
Aktion und Kontemplation in der Politik

Von Walter Gut
erschienene Publikation

. . . .

Politische Kultur in Staat und Gesellschaft

Universitätsverlag,
Freiburg i. Ü. 1992, ISBN 3-7278-0833-0

Der Verfasser vertritt die Auffassung, dass – unter gewissen Voraussetzungen – die Politik dem Bereich der Kultur zugeordnet werden kann. Man darf die Ausgestaltung des Staates, die Errichtung und Erneuerung staatlicher Strukturen, die treue Erfüllung der politischen Gestaltungsaufgabe, die Gewinnung von problemlösendem Konsens und zahlreiche weitere politische Taten und Werke füglich als kulturelle Leistungen von humaner Bedeutung anerkennen.

Aus dem Inhalt

Politik und Ethik – Politik als Bereich der Kultur – Das Kollegialprinzip – Zum Sinn der Gewaltenteilung – Politische Kultur und Massenmedien – Politische Programmsätze und Rechtsnormen – Zum Dualismus von Staat und Gesellschaft – Toleranz in der Zeitenwende – Engagement und Gelassenheit in der Politik – Von der Hochherzigkeit im öffentlichen Bereich – Vom treuhänderischen Denken und Handeln